Sammlung Außerdeutscher Strafgesetzbücher in deutscher Übersetzung

Herausgegeben vom
MAX-PLANCK-INSTITUT
für ausländisches und internationales Strafrecht in Freiburg i. Br.
durch Professor Dr. Hans-Heinrich JESCHECK, Freiburg i. Br.
und Professor Dr. Gerhard KIELWEIN, Saarbrücken

LXXXIX.

Das koreanische Strafgesetzbuch

Berlin 1968

WALTER DE GRUYTER & CO.

vormals G. J. Göschen'sche Verlagshandlung · J. Guttentag, Verlagsbuchhandlung · Georg Reimer · Karl J. Trübner · Veit & Comp.

Das koreanische Strafgesetzbuch

Übersetzt und mit einer Einleitung versehen von

Dr. Paul K. Ryu

Professor an der Seoul National University

Berlin 1968

WALTER DE GRUYTER & CO.

vormals G. J. Göschen'sche Verlagshandlung · J. Guttentag, Verlagsbuchhandlung · Georg Reimer · Karl J. Trübner · Veit & Comp.

Gedruckt mit Unterstützung der Gesellschaft für Rechtsvergleichung

Archiv-Nr.: 2 463 68 1
Satz und Druck: Berliner Buchdruckerei Union

INHALTSVERZEICHNIS

EINLEITUNG

Geschichtlicher Überblick

Seit seiner Begründung, die mythologisch auf das Jahr 2333 v.Chr. zurückgeführt wird, bis zum Anfang des zwanzigsten Jahrhunderts hat Korea eine Reihe von Gesetzeswerken geschaffen, die durchweg von chinesischen Mustern beeinflußt waren.[1] Das letzte und vollständigste dieser Werke ist die sogenannte Gesetzessammlung *Kyung-Kook-Tai-Chun,* die zur Zeit der Lie-Dynastie abgefaßt wurde[2] und aus sechs Gesetzbüchern bestand. Eines von diesen ist das Strafgesetzbuch, das eine Zusammenfassung der Kaiserlichen Gesetzgebung darstellt, die auf den seit Gründung der Lie-Dynastie ergangenen Rechtsfällen und Regierungserlassen sowie auf herkömmlichen chinesischen Gesetzbüchern fußt. Da die chinesischen Gesetzbücher traditionell in Konfuzianischer Philosophie verwurzelt sind, war der *Kyung-Kook-Tai-Chun* stark konfuzianisch orientiert. Nicht allein das positive Recht von Korea, auch die sozialen Sitten des Landes sind auf Konfuzianischer Philosophie gegründet.

Der erste Niederschlag einer Bestrebung, das Strafrecht Koreas moderner zu gestalten, ist der *Hyung-Pub-Tai-Chun,* der im Jahre 1905 auf japanische Anregung hin abgefaßt wurde. Übermäßige parteipolitische Zersplitterung und Korruption während der späteren Jahre der Regierung der Lie-Dynastie verhinderten das Zustandekommen einer von Korea selbst ausgehenden, auf dem Gedankengut westlicher Zivilisation fußenden Reform. Die Reformbewegung war vielmehr von progressiven japanischen Kreisen beeinflußt, die besonders die Abschaffung des feudalen Begriffes der Kollektivhaftung befür-

[1] Die meisten der alten koreanischen Gesetzbücher sind heute nicht mehr vorhanden. Jedoch weisen geschichtliche Urkunden, wie **Samkuksagi, Koryosa** usw., darauf hin, daß jede koreanische Dynastie Gesetzbücher kompilierte.

[2] Im Jahre 1469, d. i. im ersten Jahre der Herrschaft von König Yae-Chong der Lie-Dynastie, wurde diese Gesetzessammlung abgefaßt, aber nicht promulgiert. Die gegenwärtig vorhandene Sammlung ist ein abgeändertes Gesetz von 1485.

worteten.[3] Drei Jahre nach der Annektion hat der japanische Generalgouverneur dem koreanischen Volke das damals in Japan geltende, vom deutschen Strafgesetzbuch von 1871 beeinflußte, japanische Strafgesetzbuch von 1908 auferlegt. Dieses oktroyierte Gesetzbuch war während der ganzen Dauer von Japans Herrschaft über Korea und auch weiterhin nach Koreas Befreiung in Geltung, bis es durch das gegenwärtige Strafgesetzbuch ersetzt wurde. Nach der Befreiung von Fremdherrschaft hat das koreanische Volk begreiflicherweise auf Behauptung seiner geistigen wie auch politischen Unabhängigkeit von Japan bestanden und vor allem die Abschaffung des Japanischen Strafgesetzbuches verlangt. Das gegenwärtige Strafgesetzbuch wurde geradezu improvisiert, um diesem Verlangen des Volkes entgegenzukommen, trotz Warnung von Seiten akademischer Kreise gegen voreilige Gesetzgebung. Das neue Strafgesetzbuch, das erste autonome moderne Koreanische Strafgesetz, ist am 3. Oktober 1953 in Kraft getreten und löste das vorher vierzig Jahre hindurch in Geltung gewesene Japanische Strafgesetzbuch ab.

Die Quellen des Strafgesetzbuches 1953 und dessen Struktur

Als Hauptvorbild diente den Verfassern des gegenwärtigen Strafgesetzbuches der japanische Strafgesetzentwurf von 1940, der seinerseits durch die deutschen Entwürfe von 1925 und 1927 sowie durch das schweizerische Strafgesetzbuch von 1937 beeinflußt war. Spuren amerikanischen Gedankengutes sind ebenfalls ersichtlich.

Entsprechend der herkömmlichen Klassifikation der kontinentaleuropäischen Rechtssysteme besteht das Strafgesetzbuch aus zwei Teilen. Der erste Teil enthält die Allgemeinen, der zweite die Besonderen Bestimmungen. Der erste befaßt sich mit den allgemeinen Grundsätzen, die den Besonderen Teil beherrschen, und besteht aus vier Kapiteln. Das erste Kapitel, das den Problemen des räumlichen Anwendungsbereiches der Strafrechtsnormen gewidmet ist, dehnt die territoriale Strafkompetenz Koreas auf Delikte, die von Ausländern im Ausland gegen koreanische Interessen begangen werden, aus und ist diesbezüglich vom Standpunkt des internationalen Strafrechts von Bedeutung. Das zweite Kapitel ist dem Aufbau des Strafrechtssystems gewidmet und behandelt die Konstitutions-

---

[3] Bis zur Abschaffung extremer Formen der Kollektivhaftung im Jahre 1894 war es in Korea üblich, besonders in Fällen politischer Delikte, die sogenannten „Drei Familien" des Täters, d. i. die Familien seines Vaters, seiner Mutter und seiner Frau, hinzurichten.

elemente des Deliktes. Das dritte Kapitel beschäftigt sich mit dem Strafensystem. Unter den Strafarten Todesstrafe, Zuchthaus, Einschließung, Entzug von Rechtsfähigkeiten, (zeitige) Einstellung von Rechtsfähigkeiten, Geldstrafe, Strafhaft, mindere Geldstrafe, Verfallserklärung sind Entzug und Einstellung von Rechtsfähigkeiten neu. Neu sind auch die Bestimmungen über das Erlöschen der Strafe. Amerikanischem Einfluß ist besonders die Urteilsaussetzung zur Bewährung zuzuschreiben. Das vierte Kapitel enthält die üblichen Bestimmungen über die Fristenberechnung.

Der Besondere Teil unterscheidet drei Arten von strafrechtlich geschützten Interessen. Diejenigen des Staates sind zuerst genannt. Neue Delikte gegen Staatsinteressen bilden diejenigen gegen die Nationalflagge, die Nichterfüllung von Verträgen mit der Regierung über Munition sowie über Gegenstände des Lebensbedarfs zu Kriegszeiten, Bildung verbrecherischer Verbindungen, Amtsanmaßung, Unterlassung der Beamtenpflichterfüllung, vorzeitige Bekanntmachung von Tatsachen eines Deliktsverdachts durch einen mit Deliktsuntersuchung betrauten Beamten, Wahlbehinderung durch einen Beamten, Behinderung durch einen Polizeibeamten bei staatsanwaltschaftlicher Tätigkeit zum Schutze der Menschenrechte, Ungebühr gegenüber dem Gericht oder der Nationalversammlung (*contempt*), letzteres Delikt dem anglo-amerikanischen Recht entnommen. Die zweite Art von geschützten Interessen sind diejenigen des Gemeinschaftslebens. Unter den Delikten gegen das Gemeinschaftsleben gibt es keine Neuerungen, mit Ausnahme einer Abänderung der Bestimmungen über Ehebruch und geringfügiger Änderungen der auferlegten Strafen. Die dritte Art von geschützten Interessen sind diejenigen der Person. Unter den Delikten gegen die Person sind folgende Neuerungen zu vermerken: Kuppelei, Kindestötung, Kindesaussetzung, Mißhandlung einer unter der Aufsicht des Täters stehenden Person oder eines Aszendenten, lebens- oder gesundheitsgefährdende Überanstrengung eines Kindes, Erschleichung des außerehelichen Beischlafs, ungerechtfertigte Bereicherung durch Ausbeutung der Notlage eines anderen, grob fahrlässige Hehlerei und Hehlerei durch Fahrlässigkeit im Berufe, sowie Grenzverrückung.

Zur Frage der Übersetzungstechnik

Das italienische Schlagwort „traduttori, traditori" trifft besonders auf das Gebiet der Gesellschaftswissenschaften zu. Leider konnte ich meiner Aufgabe als Übersetzer mancher Begriffe unseres Strafgesetzbuches ins Deutsche nicht gerecht werden, weil es eben in der deutschen Rechtssprache keine vollkommenen Äquivalente für diese Begriffe gibt. Dagegen kann oft die Kenntnis des fremdrechtlichen Einflußkreises, in welchem diese Begriffe vorkommen und auf den die Bestimmungen zurückzuführen sind, der Aufklärung ihres allgemeinen Geistesgehaltes wohl dienen.

Viele Moral- und Sittenbegriffe sind dem traditionellen chinesischen Wertkomplex entnommen. Um ihren vollen kulturellen Gehalt wiedergeben zu können, müßte man diese Begriffe geschichtlich beleuchten. Es wäre geradezu unmöglich, im Rahmen dieser Einleitung den Wertkreis und Wertzusammenhang chinesischer und koreanischer Kulturen auch nur allgemeinst darzustellen. Das muß einer eingehenden anthropologisch-soziologischen Untersuchung vorbehalten bleiben. Die Schwierigkeiten, welche die eigentliche Unübersetzbarkeit der Lebenssituationen, in denen eine Rechtsbestimmung verankert wird — mag letztere auch dem Rechtsbereiche des Landes, in dessen Sprache sie übersetzt wird, entstammen — darbietet, können an Hand zweier Beispiele aufgezeigt werden. Wie erwähnt sind viele, vielleicht die meisten unserer Bestimmungen dem deutschen und dem schweizerischen Recht entnommen. Trotzdem kann nicht ein wiederholt im koreanischen Text erscheinender Begriff einfach durch das gleiche deutsche Wort wiedergegeben werden; ein solcher, nun „koreanischer" Begriff hat eben aus den verschiedenen Zusammenhängen der betreffenden Bestimmungen einen eigenartigen Lebensgehalt gewonnen. Zum Beispiel: In Artikel 16 und Artikel 122 unseres Strafgesetzbuches erscheint die vollkommen gleichlautende, identische koreanische Sprachwendung: *„Tschongdang han iyu"*. Trotzdem würde es dem Sinngehalt dieser Bestimmungen nicht entsprechen, wollte man diese Sprachwendung auf gleiche Weise ins Deutsche übersetzen. Unser Artikel 16 ist dem Artikel 20 des schweizerischen Strafgesetzbuches entnommen, und die passende Übersetzung ist deshalb eine dem Wortlaut des schweizerischen Vorbildes nächstliegende: (nicht) „auf zureichenden Gründen beruht". Dagegen ist Artikel 122 sui generis und in diesem muß die gleiche koreanische Sprachwendung mit „ohne hierzu berechtigt zu sein" sinngemäß übersetzt werden.

Es gibt in der Rechtssprache, wie in allen Sprachgebieten, idiomatische, nicht übersetzbare Gebilde. Ein Beispiel eines solchen bietet der koreanische Ausdruck *„Tschangmul"*, für welchen die von mir gewählte Übersetzung „Diebesgut" eine Verlegenheitslösung darstellt. In Artikel 362 hat dieser Ausdruck eine Bedeutung, die weiter ist als „gestohlenes Gut", wie er auf den anglo-amerikanischen Begriff „receiving of stolen goods" passen würde, und enger als der im Deutschen „Hehlerei"-Paragraphen (§ 259 StGB) vorkommende Begriff von Sachen, die „mittels einer strafbaren Handlung erlangt" sind. Wörtlich bedeutet „*Tschangmul*" einen Erwerb aus „schmutziger Hand" und dies ist nicht gleichbedeutend mit dem „clean hands"-Begriff der anglo-amerikanischen „equity".

STRAFGESETZBUCH

vom 3. Oktober 1953

ERSTER TEIL

Allgemeine Bestimmungen

1. Anwendungsbereich des Strafgesetzbuches

Art. 1 Strafbarkeit einer Tat und Strafe

§ 1 Die Strafbarkeit einer Tat und die Strafe bestimmen sich nach dem Recht, das zur Zeit der Tat gilt.

§ 2 Wird das Gesetz nach Begehung der strafbaren Handlung geändert, so daß die Handlung nicht mehr strafbar ist oder die angedrohte Strafe milder ist als die durch das ältere Gesetz bestimmte, so ist das neue Gesetz anzuwenden.

§ 3 Hebt ein Gesetz, auf Grund dessen ein rechtskräftiges Strafurteil ergangen ist, die Strafbarkeit der Handlung auf, so wird die Vollstreckung der Strafe erlassen.

Art. 2 Strafbare Handlungen, die in Korea begangen werden

Dieses Strafgesetzbuch ist sowohl auf koreanische Staatsangehörige als auch auf Ausländer, die auf dem Gebiete der Koreanischen Republik strafbare Handlungen begehen, anzuwenden.

Art. 3 Strafbare Handlungen, die im Ausland von Koreanern begangen werden

Dieses Strafgesetzbuch ist auf alle koreanischen Staatsangehörigen, die außerhalb des Gebietes der Koreanischen Republik strafbare Handlungen begehen, anzuwenden.

Art. 4 Strafbare Handlungen, die von Ausländern an Bord eines koreanischen Schiffes usw. außerhalb von Korea begangen werden

Dieses Strafgesetzbuch ist auf Ausländer anzuwenden, die an Bord eines koreanischen Schiffes oder eines koreanischen Luftfahrzeuges außerhalb des Gebietes der Koreanischen Republik eine strafbare Handlung begehen.

Art. 5 Strafbare Handlungen, die von Ausländern im Ausland begangen werden

Dieses Strafgesetz ist auf Ausländer anzuwenden, die außerhalb des Gebietes der Koreanischen Republik eine der folgenden strafbaren Handlungen begehen:

1. Hochverratsdelikte,
2. Landesverratsdelikte,
3. Delikte gegen die Nationalflagge,
4. Münzdelikte,
5. Delikte betreffend Wertpapiere, Postmarken und Stempelpapiere,
6. unter den Urkundendelikten diejenigen, die in den Artikeln 225 bis einschließlich 230 enthalten sind,
7. unter den Stempelpapierdelikten das in Artikel 238 erwähnte.

Art. 6 Strafbare Handlungen, die im Ausland gegen die Koreanische Republik und koreanische Staatsangehörige begangen werden

Dieses Strafgesetz ist auf Ausländer anzuwenden, die außerhalb des Gebietes der Koreanischen Republik gegen die Koreanische Republik oder ihre Staatsangehörigen andere als die im vorangehenden Artikel erwähnten Delikte begehen, außer wenn diese am Tatort keine strafbaren Handlungen darstellen oder wenn ihre Verfolgung oder die Vollstreckung der auferlegten Strafe dort erlassen wurde.

Art. 7 Vollzug eines im Ausland verbüßten Strafurteils

Hat jemand ein im Ausland ergangenes Strafurteil gänzlich oder zum Teil verbüßt, so kann die Strafe dafür gemildert oder erlassen werden.

Art. 8 Anwendbarkeit der Allgemeinen Bestimmungen

Die allgemeinen Bestimmungen dieses Strafgesetzes sind auch auf Delikte anzuwenden, die nach anderen Gesetzen strafbar sind, soweit diese Gesetze nichts anderes bestimmen.

2. Von den Delikten

a) Strafbarkeit und Strafmilderung

Art. 9 Minderjährige

Eine Person im Alter unter vierzehn Jahren ist für strafbares Verhalten nicht verantwortlich.

Art. 10 An Geistesstörungen leidende Personen

§ 1 Wer wegen einer Geistesstörung nicht die Fähigkeit besitzt, vernünftige Urteile zu fassen oder seinen Willen zu beherrschen, ist nicht strafbar.

§ 2 Ist die im vorangehenden Absatz genannte Fähigkeit wegen Geistesstörung gemindert, so wird die Strafe gemildert.

§ 3 Die Bestimmungen der vorangehenden zwei Absätze sind nicht auf die Tat desjenigen anzuwenden, der die Gefahr, eine Straftat zu begehen, voraussieht und sich daher vorsätzlich in den Zustand einer Geistesstörung versetzt.

Art. 11 Taubstumme

Die Strafe für Taubstumme wird gemildert.

Art. 12 Nötigungsstand

Eine strafbare Handlung ist nicht vorhanden, wenn der Täter durch unwiderstehliche Gewalt oder durch eine Drohung, die mit einer auf andere Weise nicht abwendbaren Gefahr für Leib oder Leben seiner selbst oder seines Verwandten verbunden war, zu der Handlung genötigt worden ist.

Art. 13 Vorsatz

Eine Handlung, die durch Unkenntnis von Tatumständen bedingt ist, die zum gesetzlichen Tatbestand eines Deliktes gehören, ist nicht strafbar, soweit ein Gesetz nichts anderes bestimmt.

Art. 14 Fahrlässigkeit

Eine Handlung in einer durch Vernachlässigung normaler Aufmerksamkeit herbeigeführten Unkenntnis von Tatumständen, die zum gesetzlichen Tatbestand eines Deliktes gehören, ist nur dann strafbar, wenn das Gesetz dies ausdrücklich bestimmt.

Art. 15 Tatirrtum

§ 1 Eine Handlung in Unkenntnis von Tatumständen, die die Strafbarkeit erhöhen, ist nicht als das schwerere Delikt strafbar.

§ 2 Ist an eine besondere Folge der Tat eine höhere Strafe geknüpft, so wird diese nicht angewendet, wenn diese Folge nicht voraussehbar war.

Art. 16 Rechtsirrtum

Begeht jemand ein Delikt im Glauben, daß seine Handlung nach geltendem Recht kein Delikt bilde, so ist er nur dann straffrei, wenn sein Irrtum auf zureichenden Gründen beruht.

Art. 17 Kausalzusammenhang

Hat eine Handlung eine Gefahr, die ein Tatbestandsmerkmal eines Delikts bildet, nicht verursacht, so ist sie nicht strafbar, auch wenn der rechtswidrige Erfolg eintritt.

Art. 18 Unterlassungsdelikt

Hat jemand, der die Pflicht hat, das Entstehen einer Gefahr zu verhindern, oder der durch eigene Handlung eine Gefährdung verursacht hat, das Entstehen der Gefahr nicht verhindert, so ist er für die Folgen dieser Gefahr strafrechtlich verantwortlich.

Art. 19 Zusammentreffen mehrerer Handlungen

Werden mehrere Handlungen voneinander unabhängig, gleichzeitig oder zu verschiedenen Zeiten begangen und ist nicht feststellbar, welche von ihnen den strafbaren Erfolg verursacht hat, so ist jede als Versuch strafbar.

Art. 20 Rechtmäßige Handlung

Eine Handlung, die dem Gesetz oder dem Handelsbrauch entspricht oder die in der Gesellschaft obwaltende Sitten nicht verletzt, ist nicht strafbar.

Art. 21 Notwehr

§ 1 Handelt der Täter, um einen gegenwärtigen ungerechtfertigten Eingriff in rechtlich geschützte Interessen seiner selbst oder eines anderen zu verhindern, so ist die Handlung nicht strafbar, soweit für sie angemessene Gründe vorliegen.

§ 2 Hat eine Notwehrhandlung die ihr angemessenen Grenzen überschritten, so kann die Strafe je nach dem Ausmaß der vorliegenden mildernden Umstände gemildert oder erlassen werden.

§ 3 Ist die im vorangehenden Absatz genannte Handlung durch Furcht, Bestürzung, Aufregung oder Verwirrung zur Nachtzeit oder unter anderen unsicheren Verhältnissen verursacht worden, so ist sie nicht strafbar.

Art. 22 Notstand

§ 1 Handelt der Täter, um eine gegenwärtige Gefahr für rechtlich geschützte Interessen seiner selbst oder eines anderen abzuwenden, so ist die Handlung nicht strafbar, soweit für sie angemessene Gründe vorliegen.

§ 2 Die Bestimmung des vorangehenden Absatzes ist auf Personen, die verpflichtet sind, der Gefahr nicht aus dem Wege zu gehen, nicht anzuwenden.

§ 3 Die Bestimmungen der Absätze 2 und 3 des vorangehenden Artikels sind auf diesen Artikel entsprechend anzuwenden.

Art. 23 Selbsthilfe

§ 1 Ist es unmöglich, einen Anspruch durch gesetzliche Verfahren zu wahren, so ist eine Handlung, die unternommen wird, um die Unmöglichkeit oder große Schwierigkeit der Durchsetzung zu umgehen, nicht strafbar, soweit für sie angemessene Gründe vorliegen.

§ 2 Hat die im vorangehenden Absatz genannte Handlung angemessene Grenzen überschritten, so kann die Strafe je nach dem Ausmaß der vorliegenden mildernden Umstände gemildert oder erlassen werden.

Art. 24 Zustimmung des Verletzten

Eine Handlung, die in ein rechtlich geschütztes Interesse eingreift, ist nicht strafbar, wenn sie mit Zustimmung des Verletzten erfolgt, der das Recht hat, über ein solches Interesse zu verfügen, soweit ein Gesetz nichts anderes bestimmt.

b) Versuch

Art. 25 Versuch

§ 1 Wird eine Handlung, die den Anfang der Ausführung eines Deliktes bildet, nicht vollendet oder tritt der Erfolg nicht ein, so ist der Täter wegen Versuchs zu bestrafen.

§ 2 Das versuchte Delikt kann milder bestraft werden als das vollendete.

Art. 26 Rücktritt

Hat der Täter nach Anfang der Ausführung eines Deliktes freiwillig sein strafbares Handeln aufgegeben oder die Vollendung verhindert, so wird die Strafe gemildert oder erlassen.

Art. 27 Untauglicher Versuch

Eine Handlung ist auch dann strafbar, wenn die Vollendung des Deliktes infolge eines Irrtums über die angewendeten Mittel oder die

Gegenstände, die zu seiner Ausführung gewählt wurden, unmöglich ist, sofern eine Gefahr entstanden ist; die Strafe kann jedoch gemildert oder erlassen werden.

Art. 28 Verabredung und Vorbereitung

Die Verabredung oder die Vorbereitung eines Deliktes, das den Anfang der Ausführung nicht erreicht hat, wird nicht bestraft.

Art. 29 Strafe des Versuches

Die Delikte, deren Versuch strafbar ist, sind in den betreffenden Artikeln besonders bestimmt.

c) Teilnahme

Art. 30 Mittäterschaft

Haben mehrere ein Delikt gemeinschaftlich begangen, so wird jeder als Täter bestraft.

Art. 31 Anstifter

§ 1 Wer einen anderen anstiftet, eine Straftat zu begehen, wird nach dem gleichen Strafmaß bestraft wie derjenige, der die Tat ausgeführt hat.

§ 2 Hat jemand einen anderen zur Begehung einer Straftat angestiftet und hat der letztere zugestimmt, aber den Anfang der Ausführung nicht erreicht, so werden der Anstifter und der Angestiftete nach dem Strafmaß bestraft, das für Verabredung und Vorbereitung gilt.

§ 3 Der vorangehende Absatz ist auf den Anstifter auch dann anzuwenden, wenn der Angestiftete in die Begehung der Straftat nicht einwilligt.

Art. 32 Gehilfe

§ 1 Als Gehilfe wird bestraft, wer einem anderen zur Begehung eines Deliktes Hilfe leistet.

§ 2 Die Strafe des Gehilfen ist milder als die des Täters.

Art. 33 Teilnahme und besondere Eigenschaften

Die Vorschriften der vorangehenden drei Artikel sind auf denjenigen anzuwenden, der an einem Delikt, zu dessen Tatbestand besondere Eigenschaften gehören, teilnimmt, obwohl er selbst diese Eigenschaften nicht besitzt; wo jedoch die Schwere der Strafe von besonderen Eigenschaften abhängt, trifft die schwerere Strafe nicht denjenigen, der diese Eigenschaften nicht besitzt.

Art. 34 Mittelbare Täterschaft und Strafschärfung für qualifizierte Fälle von Anstiftung und Beihilfe

§ 1 Wer ein Delikt dadurch begeht, daß er einen anderen, der für die Tat nicht strafbar oder als fahrlässiger Täter strafbar ist, anstiftet oder einem solchen Täter Hilfe leistet, wird nach Maßgabe der Vorschriften für den Anstifter oder den Gehilfen bestraft.

§ 2 Wer die im vorangehenden Absatz genannten Wirkungen dadurch herbeiführt, daß er einen anderen, der seiner Befehlsgewalt oder Aufsicht untersteht, anstiftet oder ihm Hilfe leistet, wird wie folgt bestraft: im Falle der Anstiftung wird das höchste Strafmaß, das für den Täter vorgesehen ist, um die Hälfte erhöht; im Falle der Beihilfe wird auf die volle Strafe, die für den Täter vorgesehen ist, erkannt.

d) Rückfall

Art. 35 Rückfall

§ 1 Wer innerhalb von drei Jahren nach Beendigung oder Erlaß des Strafvollzuges für ein Delikt, das einer Einschließungsstrafe oder einer schwereren Strafe unterliegt, verurteilt wird, wird als Rückfalltäter verurteilt.

§ 2 Die Höchststrafe für einen Rückfall besteht im Doppelten des Höchstmaßes, das für das begangene Delikt vorgesehen ist.

Art. 36 Entdeckung des Rückfalls nach Urteilsverkündung

Wird nach Verkündung des Urteils entdeckt, daß das Delikt eine Rückfallstat ist, so kann, außer in den Fällen, in denen der Urteilsvollzug vollendet oder die Strafe erlassen wurde, die Strafe neuerlich bestimmt werden, indem diejenige Strafe, die durch das Urteil in der Hauptverhandlung auferlegt wurde, erhöht wird.

e) Konkurrenz mehrerer Delikte

Art. 37 Realkonkurrenz

Realkonkurrenz liegt vor, wenn mehrere Delikte entweder nicht rechtskräftig abgeurteilt worden sind oder wenn ein Urteil über eines von ihnen rechtskräftig geworden ist und die anderen vor diesem Zeitpunkt begangen wurden.

Art. 38 Real konkurrierende Delikte und Strafbemessung

§ 1 Wenn real konkurrierende Delikte gleichzeitig abgeurteilt werden, wird die Strafe folgendermaßen bemessen:

1. Ist die Strafe, die für das schwerste Delikt angedroht ist, die Todesstrafe oder lebenslanges Zuchthaus oder lebenslange Einschließung, so wird die für das schwerste Delikt angedrohte Strafe auferlegt.
2. Sind die für mehrere Delikte angedrohten Strafen gleichartig und handelt es sich weder um die Todesstrafe noch um lebenslanges Zuchthaus oder lebenslange Einschließung, so werden die Höchstmaße oder die Höchstbeträge, die für die schwersten Delikte angedroht sind, um die Hälfte erhöht; jedoch darf die Gesamtsumme der Höchstmaße oder Höchstbeträge, die für mehrere Delikte angedroht sind, nicht überstiegen werden; mindere Geldstrafen oder Einziehungen können aber zusammen auferlegt werden.
3. Sind die für mehrere Delikte angedrohten Strafen verschiedenartig und handelt es sich weder um lebenslanges Zuchthaus noch lebenslange Einschließung, so werden sie zusammen vollstreckt.

§ 2 Für jede Ziffer des vorangehenden Absatzes gelten Zuchthaus und Einschließung als gleichartige Strafen, und die Einschließungsstrafe wird als Zuchthausstrafe gezählt.

Art. 39 Konkurrierende, nicht abgeurteilte Delikte; Urteilsmehrheit und Deliktsmehrheit; Strafvollstreckung und Deliktsmehrheit

§ 1 Wenn unter real konkurrierenden Delikten eines oder mehrere nicht abgeurteilt wurden, so wird über diese ein Urteil gefällt.

§ 2 Wenn gemäß dem vorangehenden Absatz mehrere Urteile ergangen sind, so werden sie gemäß den Bestimmungen des vorangehenden Artikels vollstreckt.

§ 3 Erhält jemand, der wegen real konkurrierender Delikte verurteilt wurde, für eines von ihnen eine Begnadigung oder einen Erlaß der Strafvollstreckung, so wird die Strafe für die übrigen Delikte neuerlich bestimmt.

§ 4 Die Zeit der bereits abgedienten Strafe wird im Strafvollzug entsprechend den drei vorangehenden Absätzen berücksichtigt.

Art. 40 Idealkonkurrenz

Begründet eine Handlung mehrere Delikte, so wird die für das schwerste Delikt angedrohte Strafe auferlegt.

3. Die Strafe

a) Einteilung und Schwere der Strafe

Art. 41 Strafeinteilung

Die Strafen werden wie folgt eingeteilt:

1. Todesstrafe,
2. Zuchthaus,
3. Einschließung,
4. Entzug von Rechtsfähigkeiten,
5. Einstellung von Rechtsfähigkeiten,
6. Geldstrafe,
7. Strafhaft,
8. Mindere Geldstrafe,
9. Einziehung.

Art. 42 Dauer der Zuchthaus- oder Einschließungsstrafe

Die Zuchthaus- oder Einschließungsstrafe ist lebenslang oder zeitig; die zeitige Strafe reicht von einem Monat bis zu fünfzehn Jahren; wenn sie jedoch verschärft ist, kann die zeitige Zuchthausstrafe oder die zeitige Einschließungsstrafe bis zu fünfundzwanzig Jahren ausgedehnt werden.

Art. 43 Strafauferlegung, Entzug und Einstellung von Rechtsfähigkeiten

§ 1 Wer zum Tode, zu lebenslangem Zuchthaus oder zu lebenslanger Einschließung verurteilt wird, verliert die folgenden Rechtsfähigkeiten:

1. die Fähigkeit, ein öffentliches Amt zu bekleiden,
2. das öffentlich-rechtliche Wahlrecht und die öffentlich-rechtliche Wählbarkeit,
3. die Fähigkeit, öffentlich-rechtliche Funktionen auszuüben, für welche die Fähigkeitsvoraussetzungen durch das öffentliche Recht bestimmt sind,
4. die Fähigkeit, ein Direktor, Rechnungsprüfer oder Geschäftsführer einer juristischen Person oder ein Aufseher oder Treuhänder des Geschäftsbetriebes einer juristischen Person zu werden.

§ 2 Wer zu zeitigem Zuchthaus oder zeitiger Einschließung verurteilt wird, unterliegt der Einstellung der Rechtsfähigkeiten, die in den Ziffern 1 bis 3 des vorangehenden Absatzes aufgezählt sind, bis der Vollzug der Strafe beendet ist oder die Strafe erlassen wird.

Art. 44 Dauer der Einstellung der Rechtsfähigkeiten

§ 1 Die Einstellung aller oder eines Teiles der Rechtsfähigkeiten, die in dem vorangehenden Artikel aufgezählt sind, wird für nicht unter einem Jahr bis zu fünfzehn Jahren angeordnet.

§ 2 Werden zeitiges Zuchthaus oder zeitige Einschließung und Einstellung von Rechtsfähigkeiten zusätzlich auferlegt, so wird die Dauer der Einstellung von dem Tage der Beendigung des Vollzuges der Zuchthaus- oder Einschließungsstrafe oder von deren Erlaß an berechnet.

Art. 45 Geldstrafen

Die Geldstrafe beträgt fünfhundert Hwan oder mehr.

Art. 46 Strafhaft

Das Mindestmaß der Strafhaft ist ein Tag, ihr Höchstmaß ist dreißig Tage.

Art. 47 Mindere Geldstrafen

Die mindere Geldstrafe beträgt wenigstens fünfzig, höchstens fünfhundert Hwan.

Art. 48 Gegenstand der Einziehung und Einziehung des Wertersatzes

§ 1 Eine Sache, die nicht im Eigentum einer vom Täter verschiedenen Person steht oder die von einer solchen Person nach Begehung des Deliktes in Kenntnis ihres Ursprunges erworben wurde, kann gänzlich oder zum Teil eingezogen werden, wenn sie

1. zur Begehung des Deliktes gebraucht worden oder bestimmt gewesen ist; oder
2. durch die strafbare Handlung hervorgebracht oder erworben wurde; oder
3. im Austausch für eine der in den vorangehenden zwei Ziffern erwähnten Sachen erworben wurde.

§ 2 Können die im vorangehenden Absatz erwähnten Sachen nicht eingezogen werden, so wird der entsprechende Wert eingezogen.

§ 3 Wenn nur ein Teil einer Urkunde, einer Zeichnung oder eines Wertpapieres der Einziehung unterliegt, so wird dieser Teil unbrauchbar gemacht.

Art. 49 Zusätzlichkeit der Einziehung

Die Einziehung wird als Zusatz zu einer anderen Strafe auferlegt. Auch wenn eine Verurteilung des Täters nicht erfolgt, kann die Einziehung angeordnet werden, falls ihre Voraussetzungen erfüllt sind.

Art. 50 Schwere der Strafen

§ 1 Der Grad der Schwere der Strafe wird gemäß der Reihenfolge der Aufzählung in Artikel 41 bestimmt; jedoch gilt lebenslange Einschließung im Verhältnis zum zeitigen Zuchthaus als schwerere Strafe. Wenn die Dauer einer zeitigen Einschließungsstrafe diejenige einer zeitigen Zuchthausstrafe übersteigt, gilt die Einschließung als die schwerere Strafe.

§ 2 Bei gleichen Strafarten gilt diejenige Strafe als schwerer, die das größere Höchstmaß oder den größeren Höchstbetrag hat, und bei gleichem Höchstmaß oder Höchstbetrag gilt diejenige Strafe als schwerer, die das höhere Mindestmaß oder den höheren Mindestbetrag hat.

§ 3 Unter Vorbehalt der Anwendung der Bestimmungen der vorangehenden zwei Absätze wird der Grad der Schwere nach Maßgabe der Art und der Umstände des Deliktes bestimmt.

b) Strafzumessung

Art. 51 Maßstäbe der Strafzumessung

Bei der Zumessung der Strafe werden folgende Umstände in Betracht gezogen:

1. das Alter, der Charakter und das Verhalten, die Intelligenz und das Milieu des Täters;
2. die Umstände, die den Verletzten betreffen;
3. die Beweggründe, die Mittel und der Erfolg der Straftat;
4. die Umstände nach der Tatbegehung.

Art. 52 Selbstanzeige und freiwilliges Geständnis

§ 1 Im Falle der Selbstanzeige an die zuständigen Behörden, die mit der Untersuchung des Deliktes betraut sind, kann die Strafe gemildert oder erlassen werden.

§ 2 Bei Delikten, die gegen den Willen des Verletzen nicht verfolgt werden können, ist der vorangehende Absatz anzuwenden, wenn dem Verletzten gegenüber ein freiwilliges Geständnis abgelegt wird.

Art. 53 Strafmilderung nach Ermessen

Wenn bei der Begehung eines Deliktes mildernde Umstände mitwirken, kann die Strafe gemildert werden.

Art. 54 Wahlweise Strafe und Strafmilderung nach Ermessen

Wenn mehrere Strafarten für ein einzelnes Delikt vorgesehen sind, wird erst die Straftat bestimmt und dann gegebenenfalls die Strafe gemildert.

Art. 55 Gesetzliche Strafmilderung

§ 1 Die Milderung nach Maßgabe des Gesetzes wird wie folgt bestimmt:

1. Ist die Todesstrafe zu mildern, so wird sie auf Zuchthaus oder Einschließung entweder lebenslang oder nicht unter zehn Jahren herabgesetzt;
2. sind Strafen von lebenslangem Zuchthaus oder lebenslanger Einschließung zu mildern, so werden sie auf zeitiges Zuchthaus oder zeitige Einschließung nicht unter sieben Jahren herabgesetzt;
3. sind Strafen von zeitigem Zuchthaus oder zeitiger Einschließung zu mildern, so werden sie um die Hälfte der Strafdauer herabgesetzt;
4. ist Entzug von Rechtsfähigkeiten zu mildern, so wird auf Einstellung von Rechtsfähigkeiten für nicht unter sieben Jahren erkannt;
5. ist Einstellung von Rechtsfähigkeiten zu mildern, so wird sie um die Hälfte ihrer Dauer gekürzt;
6. ist eine Geldstrafe zu mildern, so wird sie um die Hälfte ihres Höchstbetrages herabgesetzt;
7. ist Strafhaft zu mildern, so wird sie um die Hälfte ihrer Höchstdauer herabgesetzt;
8. ist eine mindere Geldstrafe zu mildern, so wird sie um die Hälfte ihres Höchstbetrages herabgesetzt.

§ 2 Sind mehrere gesetzliche Milderungsgründe vorhanden, so kann die Milderung mehrfach angewendet werden.

Art. 56 Reihenfolge der Strafschärfung und Milderung

Wenn Strafschärfungs- und Strafmilderungsgründe zusammentreffen, so werden sie in der nachstehenden Reihenfolge angewendet:

1. Schärfung nach Maßgabe der anwendbaren Artikel der besonderen Bestimmungen;

2. Schärfung nach Maßgabe des § 2 des Artikel 34;
3. Schärfung für Rückfallstaten;
4. Gesetzliche Strafmilderung;
5. Strafschärfung für Konkurrenz mehrerer Delikte;
6. Strafmilderung nach Ermessen.

Art. 57 Anrechnung der Hafttage vor Urteilsverkündung auf die Strafe

§ 1 Die Zahl der Tage der Haft vor der Urteilsverkündung werden ganz oder teilweise auf die Dauer der zeitigen Zuchthaus- oder Einschließungsstrafe, der Unterbringung in einem Arbeitshaus an Stelle einer Geldstrafe oder einer minderen Geldstrafe oder der Strafhaft angerechnet.

§ 2 Für die Zwecke des vorangehenden Absatzes wird ein Tag Haft als ein Tag Zuchthaus, Einschließung, Unterbringung in einem Arbeitshaus an Stelle einer Geldstrafe oder einer minderen Geldstrafe oder Strafhaft gerechnet.

Art. 58 Öffentliche Bekanntgabe des Urteils

§ 1 Wenn es im Interesse des Verletzten erforderlich erscheint, kann die öffentliche Bekanntmachung des Urteils auf Kosten des Beklagten erfolgen, sofern ein dahingehender Antrag des Verletzten vorliegt.

§ 2 Ergeht ein Urteil, das den Angeklagten freispricht oder das Verfahren einstellt, so kann eine öffentliche Bekanntmachung des Urteils angeordnet werden.

c) Aussetzung des Urteilsspruchs

Art. 59 Bedingungen der Aussetzung des Urteilsspruchs

§ 1 Ist Zuchthaus- oder Einschließungsstrafe von höchstens einem Jahr, Einstellung von Rechtsfähigkeiten oder eine Geldstrafe aufzuerlegen, so kann unter Berücksichtigung von Art. 51 der Urteilsspruch ausgesetzt werden, wenn der Täter aufrichtige Reue zeigt; das gilt jedoch nicht im Falle eines vorher verurteilten Täters, gegen den die Einstellung von Rechtsfähigkeiten oder eine schwerere Strafe verhängt worden ist.

§ 2 Auch wenn mehrere Strafen zusammen auferlegt werden. kann das Urteil ganz oder teilweise ausgesetzt werden.

Art. 60 Folge der Urteilsaussetzung

Nach Ablauf von zwei Jahren seit Aussetzung des Urteils gilt das Verfahren als eingestellt.

Art. 61 Außerkrafttreten der Urteilsaussetzung

Wird während der Dauer der Aussetzung entweder ein anderes Urteil, das auf Einstellung von Rechtsfähigkeiten oder eine schwerere Strafe erkennt, rechtsräftig oder eine vorherige Verurteilung zu einer Einstellung von Rechtsfähigkeiten oder zu einer schwereren Strafe entdeckt, so wird das ausgesetzte Urteil auferlegt.

d) Aussetzung der Urteilsvollstreckung

Art. 62 Bedingungen für die Aussetzung der Urteilsvollstreckung

§ 1 Ist eine Zuchthaus- oder Einschließungsstrafe von höchstens drei Jahren aufzuerlegen, so kann, wenn mildernde Umstände vorliegen, unter Berücksichtigung von Art. 51 die Vollstreckung für die Dauer von nicht unter einem Jahr bis zu fünf Jahren ausgesetzt werden; dies ist jedoch nicht anzuwenden, wenn noch nicht fünf Jahre seit Vollzug oder Nachlaß eines Urteils zur Einschließung oder einer schwereren Strafe verstrichen sind.

§ 2 Wenn mehrere Strafen zusammen auferlegt werden, kann die Strafvollstreckung teilweise ausgesetzt werden.

Art. 63 Außerkrafttreten der Aussetzung der Urteilsvollstreckung

Wird jemand, dessen Urteilsvollstreckung ausgesetzt wurde, während der Dauer der Aussetzung wieder zur Einschließung oder einer schwereren Strafe verurteilt und wird das Urteil rechtskräftig, so verliert die vorherige Aussetzung der Urteilsvollstreckung ihre Gültigkeit.

Art. 64 Widerruf der Aussetzung der Strafvollstreckung

Werden die Umstände der Vorbehaltsklausel des Artikels 62 entdeckt, nachdem auf Aussetzung der Urteilsvollstreckung erkannt wurde, so wird die Aussetzung der Urteilsvollstreckung widerrufen.

Art. 65 Folge der Urteilsaussetzung

Wird auf Aussetzung der Urteilsvollstreckung erkannt und ist die Frist der Aussetzung voll verstrichen, ohne daß die Aussetzung ungültig geworden oder widerrufen worden wäre, so verliert das Urteil seine Gültigkeit.

e) Vollstreckung der Strafe

Art. 66 Todesstrafe

Die Todesstrafe wird in einer Gefangenenanstalt durch Erhängen vollzogen.

Art. 67 Zuchthaus

Die Zuchthausstrafe besteht in der Einsperrung in einer Gefangenenanstalt und zwangsweiser Verrichtung von vorgeschriebener Arbeit.

Art. 68 Einschließung und Strafhaft

Die Einschließungsstrafe und die Strafhaft bestehen in der Einsperrung in einer Gefangenenanstalt.

Art. 69 Geldstrafe und mindere Geldstrafe

§ 1 Die Geldstrafe und die mindere Geldstrafe sind innerhalb von dreißig Tagen nach dem Tage, an dem das Urteil rechtskräftig geworden ist, zu zahlen; jedoch kann, wenn auf Geldstrafe erkannt wird, an deren Stelle gleichzeitig Unterbringung in einem Arbeitshaus bis zur vollen Bezahlung des Betrages angeordnet werden.

§ 2 Wer eine Geldstrafe nicht voll bezahlt, wird in einem Arbeitshaus untergebracht und arbeitet für die Dauer von nicht unter einem Tag bis zu drei Jahren, oder, im Falle einer minderen Geldstrafe, von nicht unter einem Tag bis zu dreißig Tagen.

Art. 70 Unterbringung in einem Arbeitshaus

Bei Verkündung eines Urteils, das auf Geldstrafe oder mindere Geldstrafe lautet, setzt das Gericht die Dauer der ersatzweisen Unterbringung in einem Arbeitshaus für den Fall fest, daß die Geldstrafe oder mindere Geldstrafe nicht voll bezahlt wird, und ordnet die ersatzweise Unterbringung gleichzeitig an.

Art. 71 Abzug der Zahl der Tage der Unterbringung im Arbeitshaus

Hat jemand nur einen Teil einer Geldstrafe oder einer minderen Geldstrafe, zu der er verurteilt wurde, bezahlt, so wird die dem bezahlten Geldbetrage entsprechende Tageszahl von der Dauer der Unterbringung nach dem Verhältnis der vollen Geldstrafe oder minderen Geldstrafe zu der vollen Dauer der Unterbringung abgezogen.

f) Bedingte Entlassung (Parole)

Art. 72 Voraussetzungen der bedingten Entlassung

§ 1 Wer eine Zuchthaus- oder Einschließungsstrafe abbüßt, kann, wenn er sich wohl verhalten hat und aufrichtige Reue zeigt, nach Ermessen der Verwaltungsbehörde bedingt entlassen werden, nachdem er zehn Jahre einer lebenslangen Strafe oder ein Drittel einer zeitigen Strafe abgebüßt hat.

§ 2 Wenn eine Geldstrafe oder eine mindere Geldstrafe neben der im vorangehenden Absatz erwähnten Strafe auferlegt worden ist, muß ihr Betrag voll entrichtet werden.

Art. 73 Haft vor Urteilsverkündung und bedingte Entlassung

§ 1 Für die Zwecke der bedingten Entlassung wird die Zahl der vor der Urteilsverkündung in Haft verbrachten Tage, die in die Dauer der Strafe eingerechnet worden sind, als Zeit der Strafverbüßung gerechnet.

§ 2 Im Falle des zweiten Absatzes des vorangehenden Artikels gilt die Zahl der vor Urteilsverkündung in Haft verbrachten Tage, die als Dauer der Unterbringung an Stelle der Geldstrafe oder der minderen Geldstrafe gerechnet werden, als Entrichtung des entsprechenden Betrages.

Art. 74 Außerkrafttreten der bedingten Entlassung

Wird während der Dauer der bedingten Entlassung ein auf Einschließungsstrafe oder auf eine schwerere Strafe lautendes Urteil rechtskräftig, so verliert die bedingte Entlassung ihre Gültigkeit; dies trifft nicht zu, wenn die Verurteilung wegen eines fahrlässigen Deliktes erfolgt.

Art. 75 Widerruf der bedingten Entlassung

Handelt der bedingt Entlassene den Anordnungen hinsichtlich der Überwachung zuwider, die bei der bedingten Entlassung ergangen sind, so kann die bedingte Entlassung widerrufen werden.

Art. 76 Folge der bedingten Entlassung

§ 1 Sind seit Gewährung der bedingten Entlassung zehn Jahre einer lebenslangen Strafe oder der Rest einer zeitigen Strafe vergangen, ohne daß die bedingte Entlassung außer Kraft getreten oder ungültig geworden ist, so gilt der Vollzug der Strafe als beendet.

§ 2 In den Fällen der vorangehenden zwei Artikel werden die Tage, die in bedingter Freiheit verbracht wurden, nicht in die Strafverbüßungsdauer eingerechnet.

g) Verjährung der Strafe

Art. 77 Folge der Verjährung

Die Vollstreckung einer gegen eine Person ergangenen Verurteilung entfällt mit Ablauf der Verjährungsfrist.

Art. 78 Verjährungsfrist

Die Verjährungsfrist läuft ab, wenn die Strafe innerhalb einer der folgenden Fristen seit Rechtskraft des Urteils nicht vollstreckt wurde:

1. dreißig Jahre bei Todesstrafe;
2. zwanzig Jahre bei lebenslangem Zuchthaus oder lebenslanger Einschließung;
3. fünfzehn Jahre bei Zuchthaus oder Einschließung von nicht unter zehn Jahren;
4. zehn Jahre bei Zuchthaus oder Einschließung von nicht unter drei Jahren oder bei Einstellung von Rechtsfähigkeiten für nicht unter zehn Jahren;
5. fünf Jahre bei Zuchthaus oder Einschließung von unter drei Jahren oder bei Einstellung von Rechtsfähigkeiten für nicht unter fünf Jahren;
6. drei Jahre bei Einstellung von Rechtsfähigkeiten von unter fünf Jahren, bei Geldstrafe, Einziehung oder Einziehung des Wertersatzes;
7. ein Jahr bei Strafhaft oder minderer Geldstrafe.

Art. 79 Ruhen der Verjährung

Der Lauf der Verjährungsfrist ruht während der Dauer der Aussetzung oder des Aufschubs der Urteilsvollstreckung oder der bedingten Entlassung oder einer anderen Frist, während der die Vollstrekkung gehemmt ist.

Art. 80 Unterbrechung der Verjährung

Die Verjährung wird unterbrochen durch die Verhaftung der Person im Falle einer Verurteilung zu Todesstrafe, Zuchthaus, Einschließung oder Strafhaft und durch das Ingangsetzen des Vollstrekkungsverfahrens im Falle einer Verurteilung zu einer Geldstrafe, einer minderen Geldstrafe, einer Einziehung oder einer Einziehung des Wertersatzes.

h) Erlöschen der Strafe

Art. 81 Außerkrafttreten der Strafe

Nachdem der Täter, der die Zuchthaus- oder Einschließungsstrafe beendet hat oder dem sie erlassen wurde, dem Verletzten den

Schaden ersetzt hat und sieben Jahre abgelaufen sind, ohne daß der Täter zu einer Einstellung von Rechtsfähigkeiten oder einer schwereren Strafe verurteilt worden wäre, kann auf Antrag des Täters oder eines Staatsanwalts das Urteil für außerkraftgetreten erklärt werden.

Art. 82 Wiedereinsetzung in Rechte

Nachdem der Täter, der zu einer Einstellung von Rechtsfähigkeiten verurteilt wurde, dem Verletzten den Schaden ersetzt hat und die Hälfte der Dauer der Urteilsaussetzung abgelaufen ist, ohne daß der Täter zu einer weiteren Einstellung von Rechtsfähigkeiten oder einer schwereren Strafe verurteilt worden wäre, kann auf Antrag des Täters oder eines Staatsanwalts die Wiedereinsetzung in die Rechtsfähigkeiten gewährt werden.

4. Berechnung der Zeiten

Art. 83 Berechnung der Zeiten

Eine Zeitspanne, die nach Jahren oder Monaten festgesetzt ist, wird nach dem Kalender berechnet.

Art. 84 Beginn der Strafzeit

§ 1 Die Strafzeit wird vom Tage der Rechtskraft des Urteils an gerechnet.

§ 2 Im Falle von Zuchthaus, Einschließung, Strafhaft oder Unterbringung in einem Arbeitshaus wird die Zahl der Tage, an denen die Einsperrung nicht vollzogen wird, nicht in die Strafzeit eingerechnet.

Art. 85 Der erste Tag der Strafvollstreckung und der Verjährungsfrist

Der erste Tag einer Strafvollstreckung oder einer Verjährungsfrist wird als voller Tag gerechnet, ohne daß die Stunden gezählt werden.

Art. 86 Tag der Entlassung

Die Entlassung erfolgt am Tage der Beendigung der Strafzeit.

ZWEITER TEIL

Besondere Bestimmungen

1. Hochverratsdelikte

Art. 87 Hochverrat

Wer einen Aufruhr in der Absicht hervorruft, sich des Staatsgebietes zu bemächtigen oder die Staatsverfassung zu stürzen, wird nach folgenden Maßstäben bestraft:

1. ein Anführer wird mit dem Tode, lebenslangem Zuchthaus oder lebenslanger Einschließung bestraft;
2. wer am Anschlag teilnimmt oder ihn leitet oder andere wichtige Tätigkeiten ausübt, wird mit dem Tode, mit Zuchthaus oder Einschließung lebenslang oder nicht unter fünf Jahren bestraft. Dasselbe gilt für denjenigen, der persönlich tötet, verwundet, zerstört oder plündert;
3. wer nur einer Aufwiegelung Folge leistet und der Führung eines anderen folgt oder sich dem Aufruhr nur anschließt, wird mit Zuchthaus oder Einschließung bis zu fünf Jahren bestraft.

Art. 88 Tötung zum Zwecke des Hochverrates

Wer einen anderen tötet, um sich des Staatsgebietes zu bemächtigen oder die Staatsverfassung zu stürzen, wird mit dem Tode, lebenslangem Zuchthaus oder lebenslanger Einschließung bestraft.

Art. 89 Versuch

Der Versuch der in den vorangehenden zwei Artikeln genannten Delikte ist strafbar.

Art. 90 Vorbereitungen, Verabredungen, Aufwiegelung oder Propaganda

§ 1 Wer in der Absicht, die Delikte des Artikels 87 oder 88 zu begehen, Vorbereitungen trifft oder sich verabredet, wird mit zeitigem

Zuchthaus oder zeitiger Einschließung nicht unter drei Jahren bestraft; wenn jedoch eine Selbstanzeige erfolgt, bevor das beabsichtigte Delikt den Anfang der Ausführung erreicht hat, wird die Strafe gemindert oder erlassen.

§ 2 Der vorangehende Absatz ist auf denjenigen anzuwenden, der zur Begehung der Delikte des Artikels 87 oder 88 aufwiegelt oder dafür Propaganda macht.

Art. 91 Definition der „Stürzung der Staatsverfassung"

„Die Absicht, die Staatsverfassung zu stürzen", bedeutet im Sinne dieses Kapitels eine der in den folgenden Ziffern aufgeführten Handlungen:

1. Zerstörung der Wirksamkeit der Verfassung oder des Gesetzes ohne Beachtung des von der Verfassung oder vom Gesetz vorgeschriebenen Verfahrens;
2. gewaltsamer Sturz der durch die Verfassung eingesetzten Regierungsorgane oder gewaltsame Ausschaltung ihrer Funktionsfähigkeit.

2. Landesverratsdelikte

Art. 92 Herbeiführung eines ausländischen Angriffs

Wer im Komplott mit einer fremden Macht den Beginn von Feindseligkeiten gegen die Koreanische Republik verursacht oder im Komplott mit Ausländern gegen die Koreanische Republik kämpft, wird mit dem Tode oder lebenslangem Zuchthaus bestraft.

Art. 93 Kollaboration mit dem Feinde

Wer gegen die Koreanische Republik kämpft, indem er einer feindlichen Macht beitritt, wird mit dem Tode bestraft.

Art. 94 Begünstigung des Feindes durch Soldatenaushebung

§ 1 Wer für eine feindliche Macht Soldaten aushebt, wird mit dem Tode oder lebenslangem Zuchthaus bestraft.

§ 2 Wer sich um Zulassung zum Militärdienst im Sinne des vorangehenden Absatzes bewirbt, wird mit lebenslangem Zuchthaus oder mit Zuchthaus nicht unter fünf Jahren bestraft.

Art. 95 Begünstigung des Feindes durch Lieferung von Rüstungsmaterial

§ 1 Wer einer feindlichen Macht Soldaten, Festungen, Lager oder Schiffe, Flugzeuge, andere Plätze, Ausrüstungsmaterial oder Bauten, wie sie für militärische Zwecke verwendet werden, liefert, wird mit dem Tode oder lebenslangem Zuchthaus bestraft.

§ 2 Wer einer feindlichen Macht Waffen, Munition oder andere Güter, wie sie für militärische Zwecke verwendet werden, liefert, wird ebenso bestraft, wie im vorangehenden Absatz bestimmt ist.

Art. 96 Begünstigung des Feindes durch Zerstörung von Gütern

Wer zum Vorteil einer feindlichen Macht militärische Ausrüstungsgegenstände oder andere Güter, wie sie im vorangehenden Artikel bezeichnet sind, zerstört oder gebrauchsunfähig macht, wird mit dem Tode oder lebenslangem Zuchthaus bestraft.

Art. 97 Begünstigung des Feindes durch Lieferung von Gütern

Wer einer feindlichen Macht Waffen oder Munition, die üblicherweise nicht für militärische Zwecke verwendet werden, oder Güter, die für Kriegszwecke verwendbar sind, liefert, wird mit lebenslangem Zuchthaus oder Zuchthaus nicht unter fünf Jahren bestraft.

Art. 98 Spionage

§ 1 Wer als Spion für eine feindliche Macht tätig ist oder einem Spion einer feindlichen Macht Beihilfe leistet, wird mit lebenslangem Zuchthaus oder Zuchthaus nicht unter sieben Jahren bestraft.

§ 2 Die Vorschrift des vorangehenden Absatzes ist auch auf denjenigen anzuwenden, der einer feindlichen Macht Militärgeheimnisse offenbart.

Art. 99 Allgemeine Begünstigung des Feindes

Wer die militärischen Interessen der Koreanischen Republik schädigt oder einer feindlichen Macht einen militärischen Vorteil durch andere als die in den vorangehenden sieben Artikeln bezeichneten Handlungen verschafft, wird mit lebenslangem Zuchthaus oder Zuchthaus nicht unter drei Jahren bestraft.

Art. 100 Versuch

Der Versuch der in den vorangehenden acht Artikeln genannten Delikte ist strafbar.

Art. 101 Vorbereitungen, Verabredungen, Aufwiegelung oder Propaganda

§ 1 Wer in der Absicht, eines der Delikte der Artikel 92 bis 99 zu begehen, Vorbereitungen trifft oder sich verabredet, wird mit zeitigem Zuchthaus nicht unter zwei Jahren bestraft; wenn jedoch eine Selbstanzeige erfolgt bevor die beabsichtigten Delikte den Anfang der Ausführungen erreicht haben, wird die Strafe gemildert oder erlassen.

§ 2 Der vorangehende Absatz ist auf denjenigen anzuwenden, der zur Begehung eines der Delikte der Artikel 92 bis 99 aufwiegelt oder für ein solches Propaganda macht.

Art. 102 Feindliche Macht

Für die Delikte der Artikel 93 bis zum vorangehenden Artikel gilt eine fremde Macht oder eine Ausländergruppe, die gegen die Koreanische Republik eine feindliche Handlung unternimmt, als feindliche Macht.

Art. 103 Nichterfüllung von Lieferverträgen für Kriegsmaterial in Kriegszeiten

§ 1 Wer während eines Krieges oder eines kriegsähnlichen Zwischenfalles ohne hinreichenden Grund die mit einer Behörde geschlossenen Lieferverträge über Kriegsbedürfnisse oder Militärbauten nicht erfüllt, wird mit Zuchthaus bis zu zehn Jahren bestraft.

§ 2 Wer die Erfüllung eines unter den vorangehenden Absatz fallenden Vertrages hindert, wird gleichfalls nach Maßgabe der Bestimmungen des vorangehenden Absatzes bestraft.

Art. 104 Verbündete Macht

Die Bestimmungen dieses Kapitels sind auf Handlungen anzuwenden, die gegen eine verbündete Macht begangen werden.

3. Delikte gegen die Nationalflagge

Art. 105 Entweihung der Nationalflagge oder des Hoheitszeichens

Wer in der Absicht, die Koreanische Republik zu beleidigen, die Nationalflagge oder das Hoheitszeichen beschädigt, entfernt oder befleckt, wird mit Zuchthaus oder Einschließung bis zu fünf Jahren, Einstellung von Rechtsfähigkeiten bis zu zehn Jahren oder Geldstrafe bis zu fünfundzwanzigtausend Hwan bestraft.

Art. 106 Schmähung der Nationalflagge oder des Hoheitszeichens

Wer in der im vorangehenden Artikel bezeichneten Absicht die Nationalflagge oder das Hoheitszeichen schmäht, wird mit zeitigem Zuchthaus oder Einschließung bis zu einem Jahr, Einstellung von Rechtsfähigkeiten bis zu fünf Jahren oder Geldstrafe bis zu zehntausend Hwan bestraft.

4. Delikte gegen die Beziehungen mit dem Ausland

Art. 107 Angriffe usw. gegen ein ausländisches Staatsoberhaupt

§ 1 Wer gegen ein in der Koreanischen Republik weilendes Staatsoberhaupt eines fremden Landes Gewalt oder Drohung anwendet, wird mit Zuchthaus oder Einschließung bis zu sieben Jahren bestraft.

§ 2 Wer ein Staatsoberhaupt eines fremden Landes unter den im vorangehenden Absatz genannten Umständen beleidigt oder schmäht, wird mit Zuchthaus oder Einschließung bis zu fünf Jahren bestraft.

Art. 108 Angriffe usw. gegen einen ausländischen Gesandten

§ 1 Wer gegen einen in die Koreanische Republik geschickten Gesandten eines fremden Landes Gewalt oder Drohung anwendet, wird mit Zuchthaus oder Gefängnis bis zu fünf Jahren bestraft.

§ 2 Wer einen Gesandten eines fremden Landes beleidigt oder schmäht, der sich in einer Mission befindet, wie sie im vorangehenden Absatz bezeichnet ist, wird mit Zuchthaus oder Einschließung bis zu drei Jahren bestraft.

Art. 109 Entweihung einer ausländischen Flagge oder eines ausländischen Hoheitszeichens

Wer in der Absicht, ein fremdes Land zu beleidigen, die offizielle Flagge oder das offizielle Hoheitszeichen dieses Landes beschädigt, entfernt oder besudelt, wird mit Zuchthaus oder Einschließung bis zu zwei Jahren oder Geldstrafe bis zu fünfzehntausend Hwan bestraft.

Art. 110 Zustimmung des Verletzten

Die in den vorangehenden drei Artikeln genannten Delikte werden nicht gegen den ausdrücklichen Willen der betreffenden ausländischen Regierung verfolgt.

Art. 111 Privatkrieg gegen ein fremdes Land

§ 1 Wer gegen ein fremdes Land einen Privatkrieg führt, wird mit zeitiger Einschließung nicht unter einem Jahr bestraft.

§ 2 Der Versuch des im vorangehenden Absatz genannten Deliktes ist strafbar.

§ 3 Wer in der Absicht, ein Delikt des Absatzes 1 zu begehen, Vorbereitungen trifft oder sich verabredet, wird mit Einschließung bis zu drei Jahren oder mit Geldstrafe bis zu fünfundzwanzigtausend Hwan bestraft; wenn jedoch eine Selbstanzeige erfolgt bevor das beabsichtigte Delikte den Anfang der Ausführung erreicht hat, wird die Strafe gemildert oder erlassen.

Art. 112 Verletzung von Neutralitätsbefehlen

Wer einen Befehl zur Neutralität in einem Kriege zwischen fremden Ländern verletzt, wird mit Einschließung bis zu drei Jahren oder Geldstrafe bis zu fünfzehntausend Hwan bestraft.

Art. 113 Offenbarung von diplomatischen Geheimnissen

§ 1 Wer diplomatische Geheimnisse offenbart, wird mit Zuchthaus nicht über fünf Jahren oder Geldstrafe nicht über fünfundzwanzigtausend Hwan bestraft.

§ 2 Die Vorschrift des vorangehenden Absatzes ist auf denjenigen anzuwenden, der diplomatische Geheimnisse sucht oder sammelt, um sie zu veröffentlichen.

5. Delikte gegen den öffentlichen Frieden

Art. 114 Bildung einer verbrecherischen Verbindung

§ 1 Die Bildung einer Gemeinschaft, die auf die Begehung eines Delikts gerichtet ist, oder der Beitritt zu ihr unterliegt der Strafe, die für dieses Delikt vorgesehen ist; die Strafe kann jedoch gemildert werden.

§ 2 Die Bildung einer Gemeinschaft, die die Ablehnung des Militärdienstes oder der Steuerpflicht bezweckt, wird mit Zuchthaus oder Einschließung bis zu zehn Jahren oder Geldstrafe bis zu fünfzigtausend Hwan bestraft.

§ 3 Gegen jemanden, der eines der in den vorangehenden Absätzen genannten Delikte begeht und mit zeitiger Zuchthaus- oder Einschließungsstrafe oder mit Geldstrafe bestraft wird, kann zusätzlich auf Einstellung von Rechtsfähigkeiten bis zu zehn Jahren erkannt werden.

Art. 115 Aufruhr

Personen, die sich zu einer Menschenmenge zusammenrotten und Gewalttätigkeiten oder Bedrohungen oder Sachbeschädigungen begehen, werden mit Zuchthaus oder Einschließung bis zu einem Jahr oder Geldstrafe bis zu zehntausend Hwan bestraft.

Art. 116 Auflauf

Personen, die sich zu einer Menschenmenge zusammenrotten, um Gewalttätigkeiten, Bedrohungen oder Sachbeschädigungen zu begehen, und sich nicht entfernen, nachdem sie hierzu drei- oder mehrmals von zuständigen Beamten aufgefordert worden sind, werden mit Zuchthaus oder Einschließung bis zu zwei Jahren oder Geldstrafe bis zu zehntausend Hwan bestraft.

Art. 117 Nichterfüllung von Lieferverträgen für lebenswichtige Bedarfsgüter in Kriegszeiten

§ 1 Wer während eines Krieges, einer gemeinen Not oder eines kriegsähnlichen Zwischenfalles ohne hinreichenden Grund einen mit dem Staate oder einer öffentlichen Körperschaft geschlossenen Lieferungsvertrag über Nahrungsmittel oder andere lebenswichtige Bedarfsgüter nicht erfüllt, wird mit Zuchthaus bis zu drei Jahren oder Geldstrafe bis zu fünfundzwanzigtausend Hwan bestraft.

§ 2 Die Vorschrift des vorangehenden Absatzes ist auf denjenigen anzuwenden, der die Erfüllung eines in diesem Absatz bezeichneten Vertrages hindert.

§ 3 In den Fällen der vorangehenden zwei Absätze kann die vorgesehene Geldstrafe auch zusätzlich verhängt werden.

Art. 118 Amtsanmaßung

Wer in unbefugter Ausübung eines öffentlichen Amtes eine Amtshandlung vornimmt, wird mit Zuchthaus bis zu drei Jahren oder Geldstrafe bis zu fünfzehntausend Hwan bestraft.

6. Sprengstoffdelikte

Art. 119 Verwendung von Sprengstoffen

§ 1 Wer durch Verwendung von Sprengstoffen Leib, Leben oder Vermögen eines anderen schädigt oder die öffentliche Ordnung stört, wird mit dem Tode, lebenslangem Zuchthaus oder Zuchthaus nicht unter sieben Jahren bestraft.

§ 2 Wer die im vorangehenden Absatz genannten Delikte während eines Krieges, einer gemeinen Not oder eines kriegsähnlichen Zwischenfalls begeht, wird mit dem Tode oder lebenslangem Zuchthaus bestraft.

§ 3 Der Versuch der in den vorangehenden zwei Absätzen genannten Delikte ist strafbar.

Art. 120 Vorbereitungen, Verabredungen und Aufwiegelung

§ 1 Wer in der Absicht, die Delikte des Absatzes 1 oder 2 des vorangehenden Artikels zu begehen, Vorbereitungen trifft oder sich verabredet, wird mit zeitigem Zuchthaus nicht unter zwei Jahren bestraft; wenn jedoch eine Selbstanzeige erfolgt bevor das beabsichtigte

Delikt den Anfang der Ausführung erreicht hat, wird die Strafe gemildert oder erlassen.

§ 2 Der vorangehende Absatz ist auf denjenigen anzuwenden, der zur Begehung der Delikte des Absatzes 1 oder 2 aufwiegelt.

Art. 121 Herstellung usw. von Sprengstoffen zu Kriegszeiten

Wer während eines Krieges oder eines kriegsähnlichen Zwischenfalles, ohne hierzu berechtigt zu sein, Sprengstoffe herstellt, einführt, ausführt, liefert oder besitzt, wird mit Zuchthaus bis zu zehn Jahren bestraft.

7. Beamtendelikte

Art. 122 Unterlassung der Pflichterfüllung

Ein Beamter, der, ohne hierzu berechtigt zu sein, die Erfüllung seiner Pflichten verweigert oder unterläßt, wird mit Zuchthaus oder Einschließung bis zu einem Jahr oder Einstellung von Rechtsfähigkeiten bis zu drei Jahren bestraft.

Art. 123 Störung der Rechtsausübung anderer

Ein Beamter, der durch Mißbrauch seiner Amtsgewalt jemanden zu einer Handlung veranlaßt, zu der dieser nicht verpflichtet ist, oder jemanden in der Ausübung seines Rechtes behindert, wird mit Zuchthaus bis zu fünf Jahren oder Einstellung von Rechtsfähigkeiten bis zu zehn Jahren bestraft.

Art. 124 Rechtswidrige Festnahme, rechtswidriges Gefangenhalten

§ 1 Hat jemand in Ausübung von oder Mitwirkung bei gerichtlichen, staatsanwaltschaftlichen, polizeilichen oder anderen Aufgaben, durch die die körperliche Freiheit eines anderen eingeschränkt wird, einen anderen unter Mißbrauch der Amtsgewalt festgenommen oder gefangengehalten, so wird auf Zuchthaus bis zu sieben Jahren und Einstellung von Rechtsfähigkeiten bis zu zehn Jahren erkannt.

§ 2 Der Versuch der im vorangehenden Absatz genannten Delikte ist strafbar.

Art. 125 Gewalttätigkeit und Grausamkeit

Hat jemand in Ausübung von oder Mitwirkung bei gerichtlichen, staatsanwaltschaftlichen, polizeilichen oder anderen Aufgaben, durch die die körperliche Freiheit eines anderen eingeschränkt wird, bei Erfüllung seiner Pflichten gegen einen eines Deliktes Verdächtigen oder einen anderen eine Gewalttätigkeit oder Grausamkeit verübt, so wird auf Zuchthaus bis zu fünf Jahren und Einstellung von Rechtsfähigkeiten bis zu zehn Jahren erkannt.

Art. 126 Bekanntmachung von Tatsachen eines Deliktsverdachts

Hat jemand Tatsachen eines Deliktsverdachtes, die er anläßlich seiner Amtstätigkeit in Ausübung oder Beaufsichtigung von oder Mitwirkung bei staatsanwaltschaftlichen, polizeilichen oder anderen Aufgaben der Deliktsuntersuchung erfahren hat, vor Antrag auf Eröffnung des Hauptverfahrens bekanntgemacht, so wird er mit Zuchthaus bis zu drei Jahren oder Einstellung von Rechtsfähigkeiten bis zu fünf Jahren bestraft.

Art. 127 Geheimnisbruch

Ein Beamter oder früherer Beamter, der Amtsgeheimnisse, deren Geheimhaltung durch Gesetz vorgeschrieben ist, offenbart, wird mit Zuchthaus oder Einschließung bis zu zwei Jahren oder Einstellung von Rechtsfähigkeiten bis zu fünf Jahren bestraft.

Art. 128 Wahlbehinderung

Ein Beamter der Staatsanwaltschaft, der Polizei oder der Wehrmacht, der einen Wähler, Wahlkandidaten oder einen Bewerber um die Kandidatur für eine vom Gesetz vorgeschriebene Wahl bedroht oder der die Freiheit der Wahl auf andere Weise behindert, wird mit Zuchthaus bis zu zehn Jahren und Einstellung von Rechtsfähigkeiten nicht unter fünf Jahren bestraft.

Art. 129 Passive Bestechung, Vorausbestechung

§ 1 Ein Beamter oder Schiedsrichter, der im Zusammenhang mit seiner Amtspflicht eine Bestechung annimmt, fordert oder sich versprechen läßt, wird mit Zuchthaus bis zu fünf Jahren oder Einstellung von Rechtsfähigkeiten bis zu zehn Jahren bestraft.

§ 2 Hat jemand, der Beamter oder Schiedsrichter werden soll, auf Anstiftung eine im Zusammenhang mit seiner bevorstehenden Amtspflicht stehende Bestechung angenommen, gefordert oder sich versprechen lassen, so wird er, wenn er Beamter oder Schiedsrichter geworden ist, mit Zuchthaus bis zu drei Jahren oder Einstellung von Rechtsfähigkeiten bis zu sieben Jahren bestraft.

Art. 130 Bestechung durch Drittbegünstigung

Ein Beamter oder Schiedsrichter, der auf eine Anstiftung hin, die auf eine pflichtwidrige Amtshandlung seinerseits gerichtet ist, eine Bestechung an einen Dritten veranlaßt, fordert oder sich versprechen läßt, wird mit Zuchthaus bis zu fünf Jahren oder Einstellung von Rechtsfähigkeiten bis zu zehn Jahren bestraft.

Art. 131 Pflichtwidrige Amtshandlung nach Empfang der Bestechung; nachträgliche Bestechung

§ 1 Ein Beamter oder Schiedsrichter, der nach Begehung eines der in den vorangehenden zwei Artikeln genannten Delikte eine pflichtwidrige Amtshandlung vornimmt, wird mit zeitigem Zuchthaus nicht unter einem Jahr bestraft.

§ 2 Ebenso wird ein Beamter oder Schiedsrichter bestraft, der nach Begehung einer pflichtwidrigen, im Zusammenhang mit seinen Amtspflichten stehenden Handlung eine Bestechung annimmt, fordert oder sich versprechen läßt oder an einen Dritten veranlaßt, fordert oder sich versprechen läßt.

§ 3 Ein früherer Beamter oder Schiedsrichter, der nach Begehung einer pflichtwidrigen, im Zusammenhang mit seinen Amtspflichten stehenden Handlung auf eine während seiner Amtszeit stattgefundene Anstiftung hin eine Bestechung annimmt, fordert oder sich versprechen läßt, wird mit Zuchthaus bis zu fünf Jahren oder Einstellung von Rechtsfähigkeiten bis zu zehn Jahren bestraft.

§ 4 In den in den vorangehenden drei Absätzen genannten Fällen kann zusätzlich auf Einstellung von Rechtsfähigkeiten bis zu zehn Jahren erkannt werden.

Art. 132 Bestechungsannahme für Vermittlung

Ein Beamter, der in Ausnützung seiner Stellung eine Bestechung für seine Vermittlung in Angelegenheiten, die zum Amtsbereich eines anderen Beamten gehören, annimmt, fordert oder sich versprechen läßt, wird mit Zuchthaus bis zu drei Jahren oder Einstellung von Rechtsfähigkeiten bis zu sieben Jahren bestraft.

Art. 133 Aktive Bestechung

§ 1 Wer eine Bestechung der in den Artikeln 129 bis zum vorangehenden Artikel beschriebenen Art verspricht, gewährt oder anbietet, wird mit Zuchthaus bis zu fünf Jahren oder Geldstrafe bis zu fünfundzwanzigtausend Hwan bestraft.

§ 2 Der vorangehende Absatz ist auf denjenigen anzuwenden, der in einer in diesem Absatz bezeichneten Absicht Geld oder Gegenstände an eine dritte Person liefert oder eine solche Lieferung in Kenntnis ihrer Bestimmung empfängt.

Art. 134 Verfallerklärung und Wertersatzverfall

Das zum Zwecke der Bestechung Empfangene oder Gelder oder Gegenstände, die der Täter oder ein Dritter in Kenntnis ihrer Bestimmungen als Bestechung empfangen soll, werden für verfallen erklärt. Wenn die Verfallerklärung unmöglich ist, wird der entsprechende Wert eingezogen.

Art. 135 Strafschärfung für Delikte in Amtsausübung

Begeht ein Beamter unter Ausnützung seiner Amtsgewalt ein Delikt, das nicht in diesem Kapitel vorgesehen ist, so wird die Strafe um die Hälfte der für dieses Delikt vorgeschriebenen Strafe erhöht, es sei denn, daß diese im Hinblick auf die Beamtenstellung des Täters besonders vorgeschrieben ist.

8. Delikte der Behinderung der Amtspflichtausübung

Art. 136 Behinderung der Amtspflichtausübung

§ 1 Wer Gewalt oder Drohung gegen einen Beamten anwendet, der eine Amtspflicht ausübt, wird mit Zuchthaus bis zu fünf Jahren bestraft.

§ 2 Der vorangehende Absatz ist auf denjenigen anzuwenden, der Gewalt oder Drohung anwendet, um einen Beamten zur Vornahme oder Unterlassung einer Amtshandlung zu nötigen oder sein Ausscheiden aus dem Amt zu bewirken.

Art. 137 Behinderung der Amtspflichterfüllung durch List

Wer einen Beamten in der Erfüllung seiner Amtspflichten durch List behindert, wird mit Zuchthaus bis zu fünf Jahren bestraft.

Art. 138 Mißachtung des Gerichtes oder der Nationalversammlung

Wer ein Gericht oder die Nationalversammlung beleidigt oder in einem Gericht oder in der Nationalversammlung oder in deren Nähe Unruhe in der Absicht stiftet, das Gerichtsverfahren oder die Beratung der Nationalversammlung zu stören oder zu bedrohen, wird mit Zuchthaus bis zu drei Jahren oder Geldstrafe bis zu fünfundzwanzigtausend Hwan bestraft.

Art. 139 Behinderung von Amtspflichten zum Schutze der Menschenrechte

Wer in Erfüllung oder zur Unterstützung von Polizeipflichten einen Staatsanwalt in der Erfüllung seiner Aufgaben zum Schutze der Menschenrechte behindert oder seinen Anweisungen nicht Folge leistet, wird mit Zuchthaus bis zu fünf Jahren oder Einstellung von Rechtsfähigkeiten bis zu zehn Jahren bestraft.

Art. 140 Siegelbruch

§ 1 Wer ein Siegel oder ein Zeichen der Beschlagnahme oder einer anderen Vollstreckungsart, das ein Beamter in Erfüllung seiner

Amtspflicht angelegt hat, beschädigt oder verbirgt oder auf andere Weise dessen Brauchbarkeit beeinträchtigt, wird mit Zuchthaus bis zu fünf Jahren oder Geldstrafe bis zu fünfundzwanzigtausend Hwan bestraft.

§ 2 Der vorangehende Absatz ist auf denjenigen anzuwenden, der Umschläge oder andere Urkunden oder Zeichnungen öffnet, die ein Beamter auf Grund seiner Amtspflicht geheimhält.

Art. 141 Ungültigmachen einer öffentlichen Urkunde; Zerstörung von öffentlichem Eigentum

§ 1 Wer Urkunden oder andere Gegenstände, die von einer öffentlichen Behörde benutzt werden, beschädigt oder verbirgt oder auf andere Weise deren Brauchbarkeit beeinträchtigt, wird mit Zuchthaus bis zu sieben Jahren oder Geldstrafe bis zu fünfunddreißigtausend Hwan bestraft.

§ 2 Wer Gebäude, Schiffe, Eisenbahnzüge oder Luftfahrzeuge, die von öffentlichen Behörden benutzt werden, zerstört, wird mit Zuchthaus von einem Jahr bis zu zehn Jahren bestraft.

Art. 142 Beeinträchtigung der Brauchbarkeit von Gegenständen in öffentlichem Gewahrsam

Wer seine eigene Sache, für die ein Verwahrungsbefehl von einer öffentlichen Behörde erlassen wurde oder die sich auf Befehl einer öffentlichen Behörde in der Verwahrung eines anderen befindet, beschädigt oder verbirgt oder auf andere Weise die Brauchbarkeit einer solchen Sache beeinträchtigt, wird mit Zuchthaus bis zu fünf Jahren oder Geldstrafe bis zu fünfundzwanzigtausend Hwan bestraft.

Art. 143 Versuch

Der Versuch der in den Artikeln 140 bis zu dem vorangehenden Artikel genannten Delikte ist strafbar.

Art. 144 Qualifizierte Behinderung einer Amtspflicht

§ 1 Begeht der Täter eines der in den Artikeln 136, 138 oder 140 bis zu dem vorangehenden Artikel genannten Delikte durch Drohung mit gemeinschaftlicher Gewalt oder während er gefährliche Waffen bei sich führt, so ist die für das betreffende Delikt vorgesehene Strafe um die Hälfte zu erhöhen.

§ 2 Wer durch Begehung der Delikte des vorangehenden Absatzes den Tod oder die Verletzung eines Beamten verursacht, wird mit lebenslangem Zuchthaus oder Zuchthaus nicht unter drei Jahren bestraft.

9. Gefangenenflucht und persönliche Begünstigung

Art. 145 Flucht und Nichtbefolgung einer Ladung

§ 1 Wer flieht, nachdem er rechtmäßig festgenommen oder in Haft genommen worden war, wird mit Zuchthaus bis zu einem Jahr bestraft.

§ 2 Der vorangehende Absatz ist auf denjenigen anzuwenden, der ohne hinreichenden Grund einer Vorladung nicht Folge leistet, nachdem er wegen einer gemeinen Not, eines kriegsähnlichen Zwischenfalles oder auf Grund eines Gesetzes einstweilig aus dem Gewahrsam entlassen worden war.

Art. 146 Qualifizierte Flucht

Wer das Delikt des Absatzes 1 des vorangehenden Artikels durch Beschädigung eines Ausrüstungsgegenstandes oder Werkzeuges, das der Inhaftierung dient, oder unter Anwendung von Gewalt oder Drohung gegen andere oder unter Mitwirkung von mehreren Personen begeht, wird mit Zuchthaus bis zu sieben Jahren bestraft.

Art. 147 Gefangenenbefreiung

Wer einen anderen aus rechtmäßiger Haft befreit oder entweichen läßt, wird mit Zuchthaus bis zu zehn Jahren bestraft.

Art. 148 Entweichenlassen durch Gefängnisaufseher

Ein Gefängnisaufseher oder Begleiter, der eine Person aus rechtmäßiger Haft entweichen läßt, wird mit Zuchthaus von einem Jahr bis zu zehn Jahren bestraft.

Art. 149 Versuch

Der Versuch der in den vorangehenden vier Artikeln genannten Delikte ist strafbar.

Art. 150 Vorbereitung, Verabredung

Wer in der Absicht, die Delikte des Artikels 147 oder 148 zu begehen, Vorbereitungen trifft oder sich verabredet, wird mit Zuchthaus bis zu drei Jahren bestraft.

Art. 151 Persönliche Begünstigung und Ausnahme im Falle von Verwandten

§ 1 Wer einen anderen, der ein Delikt begangen hat, das einer Geldstrafe oder einer schwereren Strafe unterliegt, verbirgt oder zur Flucht veranlaßt, wird mit Zuchthaus bis zu drei Jahren oder Geldstrafe bis zu fünfzehntausend Hwan bestraft.

§ 2 Verwandte, Familienoberhäupter oder Familien im gemeinsamen Haushalt mit dem Täter, die zu seinen Gunsten ein Delikt des vorangehenden Absatzes begehen, sind straffrei.

10. Meineid und Unterdrückung von Beweismitteln

Art. 152 Meineid: Böswilliger Meineid

§ 1 Ein Zeuge, der eine falsche Aussage macht, nachdem er einen im Gesetz vorgeschriebenen Eid abgelegt hat, wird mit Zuchthaus bis zu fünf Jahren oder Geldstrafe bis zu fünfundzwanzigtausend Hwan bestraft.

§ 2 Ein Zeuge, der in einem Straf- oder Disziplinarverfahren ein Delikt des vorangehenden Absatzes in der Absicht begeht, einen Angeklagten oder einen eines Straf- oder Disziplinardeliktes Verdächtigen zu schädigen, wird mit Zuchthaus bis zu zehn Jahren bestraft.

Art. 153 Geständnis: Selbstanzeige

Hat jemand, nachdem er das Delikt des vorangehenden Absatzes begangen hat, freiwillig ein Geständnis abgelegt oder eine Selbstanzeige erstattet bevor das Urteil in dem Straf- oder Disziplinarverfahren, in dem er als Zeuge ausgesagt hat, rechtskräftig geworden ist, so wird die Strafe gemildert oder erlassen.

Art. 154 Falsche Gutachten, falsches Dolmetschen, falsche Übersetzung

Ein Sachverständiger, Dolmetscher oder Übersetzer, der ein falsches Gutachten abgibt, falsch dolmetscht oder falsch übersetzt, nachdem er einen im Gesetz vorgeschriebenen Eid abgelegt hat, wird nach den Vorschriften der vorangehenden zwei Artikel bestraft.

Art. 155 Unterdrückung von Beweismitteln; Ausnahme im Falle von Verwandten

§ 1 Wer in einem Straf- oder Disziplinarverfahren gegen einen anderen ein Beweismittel unterdrückt, verbirgt, fälscht, verfälscht oder ein falsches oder verfälschtes Beweismittel gebraucht, wird mit Zuchthaus bis zu fünf Jahren oder Geldstrafe bis zu fünfundzwanzigtausend Hwan bestraft.

§ 2 Wer jemanden, der als Zeuge in einem Straf- oder Disziplinarverfahren gegen einen anderen aussagen soll, verbirgt oder zur Flucht veranlaßt, wird mit Zuchthaus bis zu fünf Jahren oder Geldstrafe bis zu fünfundzwanzigtausend Hwan bestraft.

§ 3 Wer in der Absicht, einen Angeklagten oder einen eines Straf- oder Disziplinardeliktes Verdächtigen zu schädigen, eines der Delikte der vorangehenden zwei Absätze begeht, wird mit Zuchthaus bis zu zehn Jahren bestraft.

§ 4 Verwandte, Familienoberhäupter oder Familien im gemeinsamen Haushalt mit dem Täter, die zu seinen Gunsten ein Delikt dieses Artikels begehen, sind straffrei.

11. Falsche Anschuldigung

Art. 156 Falsche Anschuldigung

Wer einer Behörde oder einem Beamten falsche Auskunft gibt, um eine Kriminal- oder Disziplinarstrafe gegen einen anderen herbeizuführen, wird mit Zuchthaus bis zu zehn Jahren bestraft.

Art. 157 Geständnis: Selbstanzeige

Art. 153 ist auf den vorangehenden Artikel entsprechend anzuwenden.

12. Religionsdelikte

Art. 158 Störung von Begräbniszeremonien usw.

Wer Begräbniszeremonien, feierliche Feste, Gottesdienste oder Predigten stört, wird mit Zuchthaus bis zu drei Jahren oder Geldstrafe bis zu fünfzehntausend Hwan bestraft.

Art. 159 Leichenschändung usw.

Wer eine Leiche, irdische Überreste oder Haare eines Toten herabwürdigt, wird mit Zuchthaus bis zu zwei Jahren oder Geldstrafe bis zu zehntausend Hwan bestraft.

Art. 160 Öffnen eines Grabes

Wer ein Grab öffnet, wird mit Zuchthaus bis zu fünf Jahren bestraft.

Art. 161 Leichenwegnahme usw.

§ 1 Wer eine Leiche, irdische Überreste oder Haare eines Toten oder eine im Grab hinterlegte Sache beschädigt, wegschafft, verbirgt oder sich aneignet, wird mit Zuchthaus bis zu sieben Jahren bestraft.

§ 2 Wer das Delikt des vorangehenden Absatzes durch Öffnen eines Grabes begeht, wird mit Zuchthaus bis zu zehn Jahren bestraft.

Art. 162 Versuch

Der Versuch der in den vorangehenden zwei Artikeln genannten Delikte ist strafbar.

Art. 163 Störung der Leichenschau eines Toten, der eines unnatürlichen Todes gestorben ist

Wer vor einer Leichenschau eine Änderung an der Leiche eines aus unbekannter Ursache Verstorbenen vornimmt, wird mit Geldstrafe bis zu fünfzehntausend Hwan oder einer minderen Geldstrafe bestraft.

13. Vorsätzliche und fahrlässige Brandstiftung

Art. 164 Brandstiftung an Wohngebäuden usw.

Wer ein Gebäude, einen Eisenbahnzug, eine elektrische Straßenbahn, einen Kraftwagen, ein Schiff, ein Luftfahrzeug oder ein Bergwerk, die zur Wohnung von Menschen dienen oder in denen sich Menschen aufhalten, in Brand setzt und verbrennt, wird mit lebenslangem Zuchthaus oder Zuchthaus nicht unter fünf Jahren bestraft. Wer durch Begehung des genannten Deliktes den Tod oder eine Körperverletzung eines anderen verursacht, wird mit dem Tode oder lebenslangem Zuchthaus oder Zuchthaus nicht unter sieben Jahren bestraft.

Art. 165 Brandstiftung an öffentlichen Gebäuden

Wer ein Gebäude, einen Eisenbahnzug, eine elektrische Straßenbahn, einen Kraftwagen, ein Schiff, ein Luftfahrzeug oder ein Bergwerk, die für den Amtsgebrauch verwendet werden oder zum öffentlichen Nutzen dienen, in Brand setzt und verbrennt, wird mit lebenslangem Zuchthaus oder Zuchthaus nicht unter drei Jahren bestraft.

Art. 166 Brandstiftung an Gebäuden im allgemeinen usw.

§ 1 Wer ein Gebäude, einen Eisenbahnzug, eine elektrische Straßenbahn, einen Kraftwagen, ein Schiff, ein Luftfahrzeug oder ein Bergwerk, mit Ausnahme der in den vorangehenden Artikeln genannten, in Brand setzt und verbrennt, wird mit zeitigem Zuchthaus nicht unter zwei Jahren bestraft.

§ 2 Wer einen der im vorangehenden Absatz genannten Gegenstände, der ihm selbst gehört, in Brand setzt und verbrennt, wird, wenn er dadurch eine Gemeingefahr verursacht, mit Zuchthaus bis zu sieben Jahren oder Geldstrafe bis zu fünfunddreißigtausend Hwan bestraft.

Art. 167 Brandstiftung an Sachen im allgemeinen

§ 1 Wer eine Sache, mit Ausnahme der in den drei vorangehenden Artikeln genannten, in Brand setzt und verbrennt, wird, wenn er dadurch eine Gemeingefahr verursacht, mit Zuchthaus von einem Jahr bis zu zehn Jahren bestraft.

§ 2 Steht eine im vorangehenden Absatz genannte Sache im Eigentum des Täters, so wird auf Zuchthaus bis zu drei Jahren oder Geldstrafe bis zu fünfzehntausend Hwan erkannt.

Art. 168 Ausbreitung eines Feuers

§ 1 Breitet sich ein Feuer als Folge der Begehung eines Deliktes des Absatzes 2 des Artikels 166 oder des Absatzes 2 des vorangehenden Artikels aus und verbrennt einen der im Artikel 164, 165 oder Absatz 1 des Artikels 166 genannten Gegenstände, so wird der Täter mit Zuchthaus von einem Jahr bis zu zehn Jahren bestraft.

§ 2 Breitet sich ein Feuer als Folge der Begehung eines Deliktes des Absatzes 2 des vorangehenden Artikels aus und verbrennt einen der im Absatz 1 des vorangehenden Artikels genannten Gegenstände, so wird der Täter mit Zuchthaus bis zu fünf Jahren bestraft.

Art. 169 Behinderung des Feuerlöschens

Wer während eines Feuers Löschgeräte oder andere Feuerlöschmittel verbirgt oder beschädigt oder auf andere Weise das Löschen des Feuers behindert, wird mit Zuchthaus bis zu zehn Jahren bestraft.

Art. 170 Fahrlässige Brandstiftung

§ 1 Wer fahrlässig einen in Artikel 164 oder 165 genannten Gegenstand oder einen in Artikel 166 genannten, einem anderen gehörigen Gegenstand verbrennt, wird mit Geldstrafe bis zu fünfzigtausend Hwan bestraft.

§ 2 Der vorangehende Absatz ist auf denjenigen anzuwenden, der fahrlässig einen in Artikel 166 oder 167 genannten, ihm selbst gehörigen Gegenstand verbrennt und dadurch eine Gemeingefahr verursacht.

Art. 171 Brandstiftung durch Fahrlässigkeit im Beruf; grob fahrlässige Brandstiftung

Wer durch fahrlässige Nichterfüllung einer Berufspflicht oder durch grobe Fahrlässigkeit ein im vorangehenden Artikel genanntes Delikt begeht, wird mit Einschließung bis zu drei Jahren oder Geldstrafe bis zu hundertfünfzigtausend Hwan bestraft.

Art. 172 Zerstörung durch Explosion

§ 1 Wer eine Explosion von Schießpulver, eines Dampfkessels oder eines anderen Explosivstoffes verursacht und dadurch eine in den Artikeln 164 bis 167 genannte Sache beschädigt oder zerstört, wird nach Maßgabe der Vorschriften über Brandstiftung bestraft.

§ 2 Wer die im vorangehenden Absatz genannte Handlung fahrlässig begeht, wird nach Maßgabe der Vorschriften über fahrlässige Brandstiftung bestraft.

Art. 173 Beschädigung von Gaswerken usw.

§ 1 Wer Gas-, Elektrizitäts- oder Dampfwerke beschädigt oder beseitigt oder auf andere Weise die Zufuhr oder Verwendung von Gas, Elektrizität oder Dampf behindert und dadurch eine Gemeingefahr verursacht, wird mit Zuchthaus von einem Jahr bis zu zehn Jahren bestraft.

§ 2 Der vorangehende Absatz ist auf denjenigen anzuwenden, der Gas-, Elektrizitäts- oder Dampfwerke, die für die öffentliche Versorgung verwendet werden, beschädigt, zerstört oder beseitigt oder auf andere Weise die Zufuhr oder Verwendung von Gas, Elektrizität oder Dampf für die öffentliche Versorgung behindert.

§ 3 Wer durch Begehung eines der Delikte der vorangehenden zwei Absätze den Tod oder eine Körperverletzung eines anderen verursacht, wird mit Zuchthausstrafe nicht unter fünf Jahren bestraft.

Art. 174 Versuch

Der Versuch der in den Artikeln 164, 165 und im Absatz 1 des Artikels 166 genannten Delikte sowie der in Artikel 172 genannten Delikte, die nach den entsprechenden Vorschriften strafbar sind, und der in den Absätzen 1 und 2 des vorangehenden Artikels genannten Delikte ist strafbar.

Art. 175 Vorbereitung, Verabredung

Wer in der Absicht Vorbereitungen trifft oder sich verabredet, die in den Artikeln 164, 165, 166 Absatz 1 oder in Artikel 172 genannten Delikte, die nach den entsprechenden Vorschriften strafbar sind, zu begehen, wird mit Zuchthaus bis zu fünf Jahren bestraft; wenn jedoch eine Selbstanzeige erfolgt bevor das beabsichtigte Delikt den Anfang der Ausführung erreicht hat, wird die Strafe gemildert oder erlassen.

Art. 176 Recht eines anderen am Eigentum des Täters

Steht einem anderen am Eigentum eines Täters ein Beschlagnahme- oder Vollstreckungsrecht oder ein anderes Recht zu oder hat ein anderer das Eigentum des Täters versichert, dann gilt es im Sinne der Vorschriften dieses Kapitels als fremdes Eigentum.

14. Überschwemmungs- und Wassernutzungsdelikte

Art. 177 Überschwemmung eines Wohngebäudes usw.

Wer eine Überschwemmung herbeiführt und dadurch ein Gebäude, einen Eisenbahnzug, eine elektrische Straßenbahn, einen Kraftwagen, ein Schiff, ein Luftfahrzeug oder ein Bergwerk, die zur Wohnung von Menschen dienen oder in denen sich Menschen aufhalten, beschädigt, wird mit lebenslangem Zuchthaus oder Zuchthaus nicht unter drei Jahren bestraft. Wer durch Begehung des genannten Deliktes den Tod oder eine Körperverletzung eines anderen verursacht, wird mit dem Tode oder lebenslangem Zuchthaus oder Zuchthaus nicht unter sieben Jahren bestraft.

Art. 178 Überschwemmung von öffentlichen Gebäuden usw.

Wer eine Überschwemmung herbeiführt und dadurch ein Gebäude, einen Eisenbahnzug, eine elektrische Straßenbahn, einen Kraftwagen, ein Schiff, ein Luftfahrzeug oder ein Bergwerk, die für den Amtsgebrauch verwendet werden oder zum öffentlichen Nutzen dienen, beschädigt, wird mit lebenslangem Zuchthaus oder Zuchthaus nicht unter zwei Jahren bestraft.

Art. 179 Überschwemmung von Gebäuden im allgemeinen usw.

§ 1 Wer eine Überschwemmung herbeiführt und dadurch ein Gebäude, einen Eisenbahnzug, eine elektrische Straßenbahn, einen Kraftwagen, ein Schiff, ein Luftfahrzeug oder ein Bergwerk, mit Ausnahme der in den vorangehenden zwei Artikeln genannten, oder anderes fremdes Vermögen beschädigt, wird mit Zuchthaus von einem Jahr bis zu zehn Jahren bestraft.

§ 2 Wer eine Überschwemmung herbeiführt, dabei einen im vorangehenden Absatz genannten, ihm selbst gehörigen Gegenstand beschädigt und dadurch eine Gemeingefahr verursacht, wird mit Zuchthaus bis zu drei Jahren oder Geldstrafe bis zu fünfzehntausend Hwan bestraft.

§ 3 Die Vorschrift des Artikels 176 ist auf diesen Artikel entsprechend anzuwenden.

Art. 180 Behinderung der Überschwemmungsbekämpfung

Wer während einer Überschwemmung Einrichtungen oder Geräte für die Überschwemmungsbekämpfung beschädigt oder verbirgt oder auf andere Weise die Bekämpfung einer Überschwemmung behindert, wird mit Zuchthaus bis zu zehn Jahren bestraft.

Art. 181 Fahrlässige Überschwemmung

Wer fahrlässig eine Überschwemmung herbeiführt und dadurch einen im Artikel 177 oder 178 genannten oder, mit Gemeingefahr, einen im Artikel 179 genannten Gegenstand beschädigt, wird mit Geldstrafe bis zu fünfundzwanzigtausend Hwan bestraft.

Art. 182 Versuch

Der Versuch der in den Artikeln 177 bis 179 Absatz 1 genannten Delikte ist strafbar.

Art. 183 Vorbereitung, Verabredung

Wer in der Absicht, eines der in den Artikeln 177 bis 179 Absatz 1 genannten Delikte zu begehen, Vorbereitungen trifft oder sich verabredet, wird mit Zuchthaus bis zu drei Jahren bestraft.

Art. 184 Behinderung der Wassernutzung

Wer einen Damm durchbricht oder eine Schleuse zerstört oder auf andere Weise die Wassernutzung behindert, wird mit Zuchthaus bis zu fünf Jahren oder Geldstrafe bis zu fünfundzwanzigtausend Hwan bestraft.

15. Transportdelikte

Art. 185 Verkehrsbehinderung im allgemeinen

Wer eine Straße, eine Wasserstraße oder eine Brücke beschädigt, zerstört oder sperrt oder auf andere Weise den Verkehr behindert, wird mit Zuchthaus bis zu zehn Jahren oder Geldstrafe bis zu fünfzigtausend Hwan bestraft.

Art. 186 Behinderung des Zug- und Schiffsverkehrs

Wer durch Beschädigung oder Zerstörung eines Schienenweges, eines Leuchtturms oder dessen Signals oder auf andere Weise den Verkehr eines Eisenbahnzuges, einer elektrischen Straßenbahn, eines Kraftwagens, eines Schiffes oder Luftfahrzeugs behindert, wird mit zeitigem Zuchthaus nicht unter einem Jahr bestraft.

Art. 187 Umstürzen eines Eisenbahnzuges usw.

Wer einen Eisenbahnzug, eine elektrische Straßenbahn oder einen Kraftwagen umstürzt, ein Schiff versenkt, ein Luftfahrzeug zum Absturz bringt oder eines dieser Fahrzeuge zerstört, wird für den Fall, daß sich Menschen darin befinden, mit lebenslangem Zuchthaus oder Zuchthaus nicht unter drei Jahren bestraft.

Art. 188 Tötung oder Körperverletzung durch Verkehrsbehinderung

Wer durch Begehung eines der Delikte der vorangehenden drei Artikel den Tod oder eine Körperverletzung eines anderen verursacht, wird mit dem Tode oder lebenslangem Zuchthaus oder Zuchthaus nicht unter drei Jahren bestraft.

Art. 189 Fahrlässigkeit, Fahrlässigkeit im Beruf, grobe Fahrlässigkeit

§ 1 Wer durch Fahrlässigkeit eines der in den Artikeln 185 bis 187 genannten Delikte begeht, wird mit Geldstrafe bis zu fünfzigtausend Hwan bestraft.

§ 2 Wer durch Außerachtlassung einer Berufspflicht oder durch grobe Fahrlässigkeit eines der in den Artikeln 185 bis 187 genannten Delikte begeht, wird mit Einschließung bis zu drei Jahren oder Geldstrafe bis zu fünfzigtausend Hwan bestraft.

Art. 190 Versuch

Der Versuch der in den Artikeln 185 bis 187 genannten Delikte ist strafbar.

Art. 191 Vorbereitung, Verabredung

Wer in der Absicht, ein Delikt des Artikels 186 oder 187 zu begehen, Vorbereitungen trifft oder sich verabredet, wird mit Zuchthaus bis zu drei Jahren bestraft.

16. Trinkwasserdelikte

Art. 192 Behinderung der Trinkwassernutzung

§ 1 Wer durch Beimischung schmutziger Stoffe reines Wasser, das für den täglichen Gebrauch bestimmt ist, verunreinigt und dadurch untrinkbar macht, wird mit Zuchthaus bis zu einem Jahr oder Geldstrafe bis zu zehntausend Hwan bestraft.

§ 2 Wer Gift oder andere Stoffe, die geeignet sind, die menschliche Gesundheit zu schädigen, dem Trinkwasser, wie im vorangehenden Absatz beschrieben, beimischt, wird mit Zuchthaus bis zu zehn Jahren bestraft.

Art. 193 Behinderung der Trinkwasserversorgung

§ 1 Wer durch Beimischung schmutziger Stoffe reines Wasser, das durch Wasserleitungswerke oder ein Wasserreservoir dem Gemeingebrauch für Trinkzwecke zugeführt wird, untrinkbar macht, wird mit Zuchthaus von einem Jahr bis zu zehn Jahren bestraft.

§ 2 Wer Gift oder andere Stoffe, die geeignet sind, die menschliche Gesundheit zu schädigen, dem Trinkwasser oder einem Reservoir, wie im vorangehenden Absatz beschrieben, beifügt, wird mit zeitigem Zuchthaus nicht unter zwei Jahren bestraft.

Art. 194 Tötung oder Körperverletzung durch Behinderung der Trinkwassernutzung

Wer durch Begehung eines der Delikte des Absatzes 2 des Artikels 192 oder des Absatzes 2 des Artikels 193 den Tod oder die Körperverletzung eines anderen verursacht, wird mit dem Tode oder lebenslangem Zuchthaus oder Zuchthaus bis zu drei Jahren bestraft.

Art. 195 Sperrung der Wasserzufuhr

Wer Wasserleitungsvorrichtungen oder andere Einrichtungen, die zur allgemeinen Versorgung mit reinem Trinkwasser dienen, beschädigt oder auf andere Weise sperrt, wird mit Zuchthaus von einem Jahr bis zu zehn Jahren bestraft.

Art. 196 Versuch

Der Versuch der in Absatz 2 des Artikels 192, Absatz 2 des Artikels 193 und im vorangehenden Artikel genannten Delikte ist strafbar.

Art. 197 Vorbereitung, Verabredung

Wer in der Absicht, eines der in Absatz 2 des Artikels 192, Absatz 2 des Artikels 193 oder in Artikel 195 genannten Delikte zu begehen, Vorbereitungen trifft oder sich verabredet, wird mit Zuchthaus bis zu zwei Jahren bestraft.

17. Rauschgiftdelikte

Art. 198 Herstellung usw. von Opium usw.

Wer Opium, Morphin oder deren Verbindungen herstellt, einführt, verkauft oder mit Verkaufsabsicht in Besitz hat, wird mit Zuchthaus bis zu zehn Jahren bestraft.

Art. 199 Herstellung usw. von Opiumrauchgeräten

Wer Opiumrauchgeräte herstellt, einführt, verkauft oder mit Verkaufsabsicht im Besitz hat, wird mit Zuchthaus bis zu fünf Jahren bestraft.

Art. 200 Opiumeinfuhr durch Zollbeamte

Ein Zollbeamter, der Opium, Morphin, deren Verbindung oder Opiumrauchgeräte einführt oder einführen läßt, wird mit Zuchthaus nicht unter einem Jahr bestraft.

Art. 201 Opiumrauchen usw., Gewährung einer Unterkunft hierfür

§ 1 Wer Opium raucht oder sich Morphin einspritzen läßt, wird mit Zuchthaus bis zu fünf Jahren bestraft.

§ 2 Der vorangehende Absatz ist auf denjenigen anzuwenden, der eine Unterkunft für das Opiumrauchen oder die Morphineinspritzung zur Verfügung stellt und daraus Gewinn zieht.

Art. 202 Versuch

Der Versuch der in den vorangehenden vier Artikeln genannten Delikte ist strafbar.

Art. 203 Gewohnheitsverbrecher

Im Falle gewohnheitsmäßiger Begehung eines der Delikte der vorangehenden fünf Artikel wird die Strafe um die Hälfte der in dem entsprechenden Artikel vorgeschriebenen Strafe erhöht.

Art. 204 Einstellung von Rechtsfähigkeiten oder Geldstrafe als Zusatzstrafe

In den Fällen der vorangehenden sechs Artikel kann zusätzlich auf Einstellung von Rechtsfähigkeiten bis zu zehn Jahren oder auf Geldstrafe bis zu fünfzigtausend Hwan erkannt werden.

Art. 205 Besitz von Opium usw.

Wer Opium, Morphin, deren Verbindung oder Opiumrauchgeräte im Besitz hat, wird mit Zuchthaus bis zu einem Jahr oder Geldstrafe bis zu zehntausend Hwan bestraft.

Art. 206 Verfallerklärung und Wertersatzverfall

Opium, Morphin, deren Verbindung oder Opiumrauchgeräte, die für die Zwecke eines in diesem Kapitel genannten Deliktes gebraucht wurden, werden für verfallen erklärt. Wenn die Verfallerklärung unmöglich ist, wird der entsprechende Wert eingezogen.

18. Münzdelikte

Art. 207 Falschmünzerei usw.

§ 1 Wer geltendes Metallgeld oder Papiergeld oder geltende Banknoten der Koreanischen Republik nachmacht oder verfälscht, um das Geld in Verkehr zu bringen, wird mit lebenslangem Zuchthaus oder Zuchthaus nicht unter zwei Jahren bestraft.

§ 2 Wer im Inland in Umlauf befindliches ausländisches Metallgeld oder Papiergeld oder im Inland in Umlauf befindliche ausländische Banknoten nachmacht oder verfälscht, um das Geld in Verkehr zu bringen, wird mit zeitigem Zuchthaus nicht unter einem Jahr bestraft.

§ 3 Wer im Ausland geltendes ausländisches Metallgeld oder Papiergeld oder im Ausland geltende ausländische Banknoten nachmacht oder verfälscht, um das Geld in Verkehr zu bringen, wird mit Zuchthaus bis zu zehn Jahren bestraft.

§ 4 Auf denjenigen, der nachgemachtes oder verfälschtes Geld von der in den vorangehenden drei Absätzen bezeichneten Art in Verkehr bringt oder in der Absicht, es in Verkehr zu bringen, einführt oder ausführt, ist die Strafe anzuwenden, die für die Delikte der Falschmünzerei oder Münzfälschung vorgeschrieben ist.

Art. 208 Erwerb von Falschgeld

Wer nachgemachtes oder verfälschtes Geld, wie im vorangehenden Artikel bezeichnet, in der Absicht erwirbt, es in Verkehr zu bringen, wird mit Zuchthaus bis zu fünf Jahren bestraft.

Art. 209 Einstellung von Rechtsfähigkeiten oder Geldstrafe als Zusatzstrafe

Wird der Täter für die Verletzung eines der vorangehenden Artikel mit zeitigem Zuchthaus bestraft, so kann zusätzlich auf Einstellung von Rechtsfähigkeiten bis zu zehn Jahren oder auf Geldstrafe bis zu fünfzigtausend Hwan erkannt werden.

Art. 210 Abschiebung von Falschgeld

Wer in Artikel 207 beschriebenes Geld erwirbt und es in Kenntnis der Unechtheit oder Verfälschtheit in Verkehr bringt, wird mit Zuchthaus bis zu zwei Jahren oder Geldstrafe bis zu fünfundzwanzigtausend Hwan bestraft.

Art. 211 Herstellung geldähnlicher Sachen usw.

§ 1 Wer Sachen, die Metallgeld, Papiergeld oder Banknoten, die im In- oder Ausland gelten oder in Umlauf sind, ähneln, in Verkaufsabsicht herstellt, einführt oder ausführt, wird mit Zuchthaus bis zu drei Jahren oder Geldstrafe bis zu fünfundzwanzigtausend Hwan bestraft.

§ 2 Der vorangehende Absatz ist auf denjenigen anzuwenden, der eine in diesem Absatz genannte Sache verkauft.

Art. 212 Versuch

Der Versuch der in den Artikeln 207, 208 und in dem vorangehenden Artikel genannten Delikte ist strafbar.

Art. 213 Vorbereitung, Verabredung

Wer in der Absicht, eines der Delikte der Absätze 1 bis 3 des Artikels 207 zu begehen, Vorbereitungen trifft oder sich verabredet, wird mit Zuchthaus bis zu fünf Jahren bestraft; wenn jedoch eine Selbstanzeige erfolgt bevor das beabsichtigte Delikt den Anfang der Ausführung erreicht hat, wird die Strafe gemildert oder erlassen.

19. Delikte betreffend Wertpapiere, Postmarken und Stempelpapiere

Art. 214 Fälschung von Wertpapieren usw.

§ 1 Wer ein Obligationspapier oder ein anderes Wertpapier der Koreanischen Republik oder eines ausländischen Staates in Gebrauchsabsicht fälscht oder verfälscht, wird mit Zuchthaus bis zu zehn Jahren bestraft.

§ 2 Der vorangehende Absatz ist auf denjenigen anzuwenden, der in Gebrauchsabsicht eine Erklärung über die in Wertpapieren enthaltenen Rechte und Pflichten fälscht oder verfälscht.

Art. 215 Ausstellen von Wertpapieren unter Vorspiegelung einer falschen Eigenschaft

Wer unter Vorspiegelung einer falschen Eigenschaft in Gebrauchsabsicht Wertpapiere ausstellt oder eine Erklärung über Rechte und Pflichten aus Wertpapieren abgibt, wird mit Zuchthaus bis zu zehn Jahren bestraft.

Art. 216 Ausstellung unwahrer Wertpapiere

Wer in Gebrauchsabsicht ein unwahres Wertpapier ausstellt oder eine unwahre Erklärung in einem Wertpapier abgibt, wird mit Zuchthaus bis zu sieben Jahren bestraft.

Art. 217 Gebrauch falscher Wertpapiere

Wer ein Wertpapier, das in den vorangehenden drei Artikeln als gefälscht, verfälscht, in falscher Eigenschaft ausgestellt oder als eine unwahre Erklärung enthaltend beschrieben ist, gebraucht oder in Gebrauchsabsicht einführt oder ausführt, wird mit Zuchthaus bis zu zehn Jahren bestraft.

Art. 218 Fälschung von Postmarken oder Stempelpapier

§ 1 Wer in Gebrauchsabsicht eine Postmarke oder ein Stempelpapier der Koreanischen Republik oder eines ausländischen Staates fälscht oder verfälscht, wird mit Zuchthaus bis zu zehn Jahren bestraft.

§ 2 Der vorangehende Absatz ist auf denjenigen anzuwenden, der gefälschte oder verfälschte Postmarken oder Stempelpapiere der Koreanischen Republik oder eines ausländischen Staates gebraucht oder in Gebrauchsabsicht einführt oder ausführt.

Art. 219 Erwerb von falschen Postmarken oder Stempelpapieren usw.

Wer sich in Gebrauchsabsicht gefälschte oder verfälschte Postmarken oder Stempelpapiere der Koreanischen Republik oder eines ausländischen Staates verschafft, wird mit Zuchthaus bis zu drei Jahren bestraft.

Art. 220 Einstellung von Rechtsfähigkeiten oder Geldstrafe als Zusatzstrafe

In den Fällen der vorangehenden sechs Artikel kann zusätzlich auf Einstellung von Rechtsfähigkeiten bis zu zehn Jahren oder auf Geldstrafe bis zu fünfundzwanzigtausend Hwan erkannt werden.

Art. 221 Vernichtung eines Poststempels

Wer in Wiedergebrauchsabsicht einen Poststempel auf einer Postmarke oder einem Stempelpapier der Koreanischen Republik oder eines ausländischen Staates vernichtet, wird mit Zuchthaus bis zu einem Jahr oder Geldstrafe nicht über zehntausend Hwan bestraft.

Art. 222 Herstellung postmarkenähnlicher Sachen usw.

§ 1 Wer Sachen, die einem Obligationspapier, einer Postmarke oder einem Stempelpapier der Koreanischen Republik oder eines ausländischen Staates ähnlich sind, in Verkaufsabsicht herstellt, einführt oder ausführt, wird mit Zuchthaus bis zu zwei Jahren oder Geldstrafe bis zu fünfzehntausend Hwan bestraft.

§ 2 Der vorangehende Absatz ist auf denjenigen anzuwenden, der eine in diesem Absatz genannte Sache verkauft.

Art. 223 Versuch

Der Versuch der in den Artikeln 214 bis einschließlich 219 und in dem vorangehenden Artikel genannten Delikte ist strafbar.

Art. 224 Vorbereitung, Verabredung

Wer in der Absicht, eines der Delikte der Artikel 214, 215 oder des Absatzes 1 des Artikels 218 zu begehen, Vorbereitungen trifft oder sich verabredet, wird mit Zuchthaus bis zu zwei Jahren bestraft.

20. Urkundendelikte

Art. 225 Fälschung oder Verfälschung einer öffentlichen Urkunde usw.

Wer in Gebrauchsabsicht eine Urkunde oder Zeichnung eines Beamten oder einer Behörde fälscht oder verfälscht, wird mit Zuchthaus von einem Jahr bis zu zehn Jahren bestraft.

Art. 226 Ausstellen einer öffentlichen Urkunde durch Amtsanmaßung

Wer unter Vorspiegelung einer Beamten- oder Amtseigenschaft eine Urkunde oder Zeichnung in Gebrauchsabsicht ausstellt, wird mit Zuchthaus von einem Jahr bis zu zehn Jahren bestraft.

Art. 227 Ausstellen einer unwahren öffentlichen Urkunde

Ein Beamter, der im Zusammenhang mit seiner Amtspflicht in Gebrauchsabsicht eine unwahre Urkunde oder Zeichnung anfertigt oder eine Urkunde oder Zeichnung verändert, wird mit Zuchthaus bis zu zehn Jahren bestraft.

Art. 228 Falschbeurkundung

§ 1 Wer gegenüber einem Beamten eine unwahre Erklärung abgibt und dadurch bewirkt, daß eine unwahre Eintragung in eine beglaubigte Originalurkunde gemacht wird, wird mit Zuchthaus bis zu fünf Jahren oder Geldstrafe bis zu fünfundzwanzigtausend Hwan bestraft.

§ 2 Wer gegenüber einem Beamten eine unwahre Erklärung abgibt und dadurch bewirkt, daß eine unwahre Eintragung in eine Lizenz, einen Erlaubnisschein oder einen Reisepaß gemacht wird, wird mit Zuchthaus bis zu drei Jahren oder Geldstrafe bis zu fünfundzwanzigtausend Hwan bestraft.

Art. 229 Gebrauch falscher öffentlicher Urkunden

Wer eine Urkunde, eine Zeichnung, beglaubigte Originalurkunde, eine Lizenz, einen Erlaubnisschein oder einen Reisepaß gebraucht, die in den vorangehenden vier Artikeln als gefälscht, verfälscht, unwahrheitsgemäß ausgestellt, in unwahre verändert oder eine unwahre Eintragung enthaltend bezeichnet sind, unterliegt der gleichen Strafe, wie sie in den entsprechenden Bestimmungen über Fälschung, Verfälschung, unwahrheitsgemäße Ausstellung, Veränderung oder Falschbeurkundung vorgeschrieben ist.

Art. 230 Rechtswidriger Gebrauch einer öffentlichen Urkunde

Wer eine Urkunde oder Zeichnung eines Beamten oder einer Behörde rechtswidrig gebraucht, wird mit Zuchthaus oder Einschließung bis zu zwei Jahren oder Geldstrafe bis zu fünfundzwanzigtausend Hwan bestraft.

Art. 231 Fälschung oder Verfälschung einer Privaturkunde

Wer eine fremde Urkunde oder Zeichnung, die ein Recht oder eine Verpflichtung betrifft oder eine Tatsache beweist, in Gebrauchsabsicht fälscht oder verfälscht, wird mit Zuchthaus bis zu fünf Jahren bestraft.

Art. 232 Ausstellen einer Privaturkunde unter Vorspiegelung einer Verfügungsmacht

Wer unter Vorspiegelung einer Verfügungsmacht eine Urkunde oder Zeichnung, die ein Recht oder eine Verpflichtung betrifft oder eine Tatsache beweist, in Gebrauchsabsicht ausstellt, wird mit Zuchthaus bis zu fünf Jahren bestraft.

Art. 233 Ausstellen unwahrer Gesundheitszeugnisse usw.

Ein Arzt, Naturheilkundiger, Zahnarzt oder eine Hebamme, die ein falsches Zeugnis über einen ärztlichen Befund, eine Obduktion oder ein falsches Lebens- oder Todeszeugnis ausstellen, werden mit Zuchthaus oder Einschließung bis zu drei Jahren oder Einstellung von Rechtsfähigkeiten bis zu sieben Jahren oder Geldstrafe bis zu fünfundzwanzigtausend Hwan bestraft.

Art. 234 Gebrauch falscher Privaturkunden

Wer eine Urkunde oder Zeichnung, die in den vorangehenden drei Artikeln als gefälscht, verfälscht oder unwahrheitsgemäß ausgestellt bezeichnet sind, gebraucht, unterliegt der gleichen Strafe, wie sie in den entsprechenden Bestimmungen über Fälschung, Verfälschung oder unwahrheitsgemäße Ausstellung vorgeschrieben ist.

Art. 235 Versuch

Der Versuch der Delikte der vorangehenden zehn Artikel ist strafbar.

Art. 236 Rechtswidriger Gebrauch einer Privaturkunde

Wer eine fremde Urkunde oder Zeichnung, die ein Recht, eine Verpflichtung oder eine Beurkundung betreffen, rechtswidrig gebraucht, wird mit Zuchthaus oder Einschließung bis zu einem Jahr oder Geldstrafe bis zu zehntausend Hwan bestraft.

Art. 237 Einstellung von Rechtsfähigkeiten als Zusatzstrafe

In den Fällen der in den Artikeln 225 bis 227 genannten Delikte oder der entsprechenden Gebrauchsdelikte kann zusätzlich auf Einstellung von Rechtsfähigkeiten bis zu zehn Jahren erkannt werden.

21. Siegeldelikte

Art. 238 Fälschung, rechtswidriger Gebrauch eines Amtssiegels

§ 1 Wer das Siegel, die Unterschrift, den Schriftnamen oder das Emblem eines Beamten oder einer Behörde in Gebrauchsabsicht fälscht oder rechtswidrig gebraucht, wird mit Zuchthaus bis zu fünf Jahren bestraft.

§ 2 Der vorangehende Absatz ist auf diejenigen anzuwenden, die gefälschte oder rechtswidrig benutzte Siegel, Unterschriften, Schriftnamen oder Embleme von Beamten oder Behörden gebrauchen.

§ 3 In den Fällen der vorangehenden zwei Absätze kann zusätzlich auf Einstellung von Rechtsfähigkeiten bis zu sieben Jahren erkannt werden.

Art. 239 Fälschung, rechtswidriger Gebrauch eines Privatsiegels usw.

§ 1 Wer das Siegel, die Unterschrift, den Schriftnamen oder das Emblem eines anderen in Gebrauchsabsicht fälscht oder rechtswidrig gebraucht, wird mit Zuchthaus bis zu drei Jahren bestraft.

§ 2 Der vorangehende Absatz ist auf diejenigen anzuwenden, die gefälschte oder rechtswidrig benutzte Siegel, Unterschriften, Schriftnamen oder Embleme von anderen gebrauchen.

Art. 240 Versuch

Der Versuch der in diesem Kapitel genannten Delikte ist strafbar.

22. Sittlichkeitsdelikte

Art. 241 Ehebruch

§ 1 Ein Ehegatte, der Ehebruch begeht, wird mit Zuchthaus bis zu zwei Jahren bestraft. Dieselbe Bestimmung ist auf den Mitschuldigen anzuwenden.

§ 2 Die Verfolgung tritt nur auf Antrag des anderen Ehegatten ein. Der Antrag kann nicht gestellt werden, wenn der andere Ehegatte in den Ehebruch einwilligt oder ihn verzeiht.

Art. 242 Kuppelei

Wer aus Gewinnsucht eine minderjährige oder eine nicht gewohnheitsmäßig Unzucht treibende Frau zum Geschlechtsverkehr verleitet, wird mit Zuchthaus bis zu drei Jahren oder Geldstrafe bis zu fünfzehntausend Hwan bestraft.

Art. 243 Verbreitung unzüchtiger Bilder usw.

Wer unzüchtige Literatur, Bilder oder ähnliche Gegenstände verbreitet, verkauft, verleiht oder öffentlich ausstellt, wird mit Zuchthaus bis zu einem Jahr oder Geldstrafe bis zu zehntausend Hwan bestraft.

Art. 244 Herstellung unzüchtiger Bilder usw.

Wer zum Zwecke der im vorangehenden Artikel beschriebenen Tätigkeiten unzüchtige Gegenstände herstellt, im Besitz hat, einführt oder ausführt, wird mit Zuchthaus bis zu einem Jahr oder Geldstrafe bis zu zehntausend Hwan bestraft.

Art. 245 Unzüchtige Handlung in der Öffentlichkeit

Wer öffentlich eine unzüchtige Handlung begeht, wird mit Zuchthaus bis zu einem Jahr, Geldstrafe bis zu zehntausend Hwan, Strafhaft oder minderer Geldstrafe bestraft.

23. Delikte betreffend Glücksspiele und Lotterien

Art. 246 Glücksspiele, gewohnheitsmäßige Glücksspiele

§ 1 Wer um einen Gewinn spielt oder wettet, wird mit Geldstrafe bis zu fünfundzwanzigtausend Hwan oder minderer Geldstrafe bestraft; ein Spiel um eines vorübergehenden Vergnügens willen ist jedoch ausgenommen.

§ 2 Wer das Delikt des vorangehenden Absatzes gewohnheitsmäßig begeht, wird mit Zuchthaus bis zu drei Jahren oder Geldstrafe bis zu fünfzigtausend Hwan bestraft.

Art. 247 Veranstaltung von Glücksspielen

Wer in Gewinnabsicht Glücksspiele veranstaltet, wird mit Zuchthaus bis zu drei Jahren oder Geldstrafe bis zu fünfzigtausend Hwan bestraft.

Art. 248 Verkauf von Lotterielosen

§ 1 Wer ohne rechtliche Erlaubnis Lotterielose verkauft, wird mit Zuchthaus bis zu drei Jahren oder Geldstrafe bis zu fünfzigtausend Hwan bestraft.

§ 2 Wer bei dem Verkauf von Lotterielosen, wie in dem vorangehenden Absatz beschrieben, als Vermittler tätig ist, wird mit Zuchthaus bis zu einem Jahr oder Geldstrafe bis zu zehntausend Hwan bestraft.

§ 3 Wer ein Lotterielos auf die in dem ersten Absatz bezeichnete Weise erwirbt, wird mit Geldstrafe bis zu zehntausend Hwan oder minderer Geldstrafe bestraft.

Artikel 249 Geldstrafe als Zusatzstrafe

In den Fällen der in Absatz 2 des Artikels 246, in Artikel 247 und in Absatz 1 des vorangehenden Artikels genannten Delikte kann zusätzlich auf Geldstrafe bis zu fünfzigtausend Hwan erkannt werden.

24. Tötungsdelikte

Art. 250 Totschlag, Aszendententotschlag

§ 1 Wer einen Menschen tötet, wird mit dem Tode, lebenslangem Zuchthaus oder Zuchthaus nicht unter fünf Jahren bestraft.

§ 2 Wer seinen oder seines Ehegatten Verwandten in aufsteigender Linie tötet, wird mit dem Tode oder lebenslangem Zuchthaus bestraft.

Art. 251 Kindestötung

Ein Verwandter in aufsteigender Linie, der ein Kind in oder gleich nach der Geburt tötet, um Schande zu vermeiden, oder der in der Voraussicht des Unvermögens, das Kind aufzuziehen oder aus einem anderen besonderen Beweggrund, der als Strafmilderungsgrund gilt, handelt, wird mit Zuchthaus bis zu zehn Jahren bestraft.

Art. 252 Tötung auf Verlangen oder mit Einwilligung

§ 1 Wer einen anderen auf dessen Verlangen oder mit dessen Einwilligung tötet, wird mit Zuchthaus von einem Jahr bis zu zehn Jahren bestraft.

§ 2 Der vorangehende Absatz ist auf denjenigen anzuwenden, der einen anderen zum Selbstmord anstiftet oder einem anderen beim Selbstmord Hilfe leistet.

Art. 253 Tötung auf Verlangen durch List usw.

Hat jemand im Falle des vorangehenden Artikels das Verlangen, die Einwilligung oder die Entscheidung zum Selbstmord des anderen durch List oder Drohung mit Gewalt herbeigeführt, so wird er nach der Vorschrift des Art. 250 bestraft.

Art. 254 Versuch

Der Versuch der in den vorangehenden vier Artikeln genannten Delikte ist strafbar.

Art. 255 Vorbereitung, Verabredung

Wer in der Absicht, die Delikte des Artikels 250 oder 253 zu begehen, Vorbereitungen trifft oder sich verabredet, wird mit Zuchthaus bis zu zehn Jahren bestraft.

Art. 256 Einstellung von Rechtsfähigkeiten als Zusatzstrafe

In den Fällen der Art. 250, 252 oder 253 kann, wenn zeitiges Zuchthaus auferlegt wird, zusätzlich auf Einstellung von Rechtsfähigkeiten bis zu zehn Jahren erkannt werden.

25. Delikte der Körperverletzung und Tätlichkeiten gegen den Körper

Art. 257 Körperverletzung, Körperverletzung gegen Aszendenten

§ 1 Wer einem anderen einen körperlichen Schaden zufügt, wird mit Zuchthaus bis zu sieben Jahren oder Einstellung von Rechtsfähigkeiten bis zu zehn Jahren oder Geldstrafe bis zu fünfundzwanzigtausend Hwan bestraft.

§ 2 Wer das Delikt des vorangehenden Absatzes gegen seinen oder seines Ehegatten Verwandten in aufsteigender Linie begeht, wird mit Zuchthaus von einem Jahr bis zu zehn Jahren bestraft.

§ 3 Der Versuch der Delikte der vorangehenden zwei Absätze ist strafbar.

Art. 258 Schwere Körperverletzung, schwere Körperverletzung gegen Aszendenten

§ 1 Wer einem anderen körperlichen Schaden zufügt und dadurch dessen Leben gefährdet, wird mit Zuchthaus von einem Jahr bis zu zehn Jahren bestraft.

§ 2 Der vorangehende Absatz ist auf denjenigen anzuwenden, der einem anderen körperlichen Schaden zufügt und dadurch dessen Verkrüppelung oder eine nicht oder schwer heilbare Krankheit verursacht.

§ 3 Wer eines der Delikte der vorangehenden zwei Absätze gegen seinen oder seines Ehegatten Verwandten in aufsteigender Linie begeht, wird mit zeitigem Zuchthaus nicht unter zwei Jahren bestraft.

Art. 259 Körperverletzung mit Todesfolge

§ 1 Ist durch die Körperverletzung der Tod des Verletzten verursacht worden, so ist auf zeitiges Zuchthaus nicht unter drei Jahren zu erkennen.

§ 2 Ist das Delikt des vorangehenden Absatzes gegen einen Verwandten des Täters in aufsteigender Linie oder seines Ehegatten begangen worden, so ist auf lebenslanges Zuchthaus oder Zuchthaus nicht unter fünf Jahren zu erkennen.

Art. 260 Tätlichkeiten, Tätlichkeiten gegen Aszendenten

§ 1 Wer gegen den Körper eines Menschen Tätlichkeiten verübt, wird mit Zuchthaus bis zu zwei Jahren, Geldstrafe bis zu fünfundzwanzigtausend Hwan, Strafhaft oder minderer Geldstrafe bestraft.

§ 2 Wer das Delikt des vorangehenden Absatzes gegen seinen oder seines Ehegatten Verwandten in aufsteigender Linie begeht, wird mit Zuchthaus bis zu fünf Jahren bestraft.

§ 3 Die Delikte der vorangehenden zwei Absätze sind nicht gegen den ausdrücklichen Willen des Verletzten verfolgbar.

Art. 261 Qualifizierte Tätlichkeiten

Wer das Delikt des vorangehenden Artikels durch Drohung mit gemeinschaftlicher Gewalt begeht oder während er eine gefährliche Waffe bei sich führt, wird mit Zuchthaus bis zu fünf Jahren oder Geldstrafe bis zu fünfundzwanzigtausend Hwan bestraft.

Art. 262 Tätlichkeiten mit Todes- oder Körperverletzungsfolge

Ist durch eines der Delikte der vorangehenden zwei Absätze der Tod oder eine Körperverletzung verursacht worden, so ist der Täter nach den Bestimmungen der Art. 257 bis 259 zu bestrafen.

Art. 263 Gleichzeitige Delikte

Ist die Körperverletzung durch eine von mehreren, voneinander unabhängigen Handlungen verursacht worden und ist nicht feststellbar, welche von diesen die Körperverletzung verursacht hat, so wird vermutet, daß die Täter Mittäter waren.

Art. 264 Gewohnheitstäter

Im Falle gewohnheitsmäßiger Begehung eines der Delikte der Art. 257, 258, 260 oder 261 wird die Strafe um die Hälfte der für das entsprechende Delikt vorgeschriebenen Strafe erhöht.

Art. 265 Einstellung von Rechtsfähigkeiten als Zusatzstrafe

In den Fällen des Absatzes 2 des Art. 257, des Art. 258, des Absatzes 2 des Art. 260, des Art. 261 oder des vorangehenden Artikels kann zusätzlich auf Einstellung von Rechtsfähigkeiten bis zu zehn Jahren erkannt werden.

26. Delikte der fahrlässigen Tötung und Körperverletzung

Art. 266 Fahrlässige Körperverletzung

§ 1 Wer durch Fahrlässigkeit die Körperverletzung eines anderen verursacht, wird mit Geldstrafe nicht über fünfzehntausend Hwan, Strafhaft oder minderer Geldstrafe bestraft.

§ 2 Das Delikt des vorangehenden Absatzes ist nicht gegen den ausdrücklichen Willen des Verletzten verfolgbar.

Art. 267 Fahrlässige Tötung

Wer durch Fahrlässigkeit den Tod eines Menschen verursacht, wird mit Einschließung bis zu zwei Jahren oder Geldstrafe bis zu fünfundzwanzigtausend Hwan bestraft.

Art. 268 Fahrlässigkeit im Beruf, grobe Fahrlässigkeit

Wer durch fahrlässige Nichterfüllung einer Berufspflicht oder durch grobe Fahrlässigkeit den Tod eines Menschen verursacht, wird mit Einschließung bis zu fünf Jahren oder Geldstrafe bis zu fünfzigtausend Hwan bestraft.

27. Abtreibungsdelikte

Art. 269 Abtreibung

§ 1 Treibt eine Schwangere ihre Leibesfrucht durch Medikamente oder auf andere Weise ab, so wird sie mit Zuchthaus bis zu einem Jahr oder Geldstrafe bis zu zehntausend Hwan bestraft.

§ 2 Der vorangehende Absatz ist auf denjenigen anzuwenden, der einer Schwangeren auf Verlangen oder mit ihrer Einwilligung die Leibesfrucht abtreibt.

§ 3 Ist durch Begehung des Deliktes des vorangehenden Absatzes eine Körperverletzung der Schwangeren verursacht worden, so ist auf Zuchthaus bis zu drei Jaren zu erkennen; ist der Tod verursacht worden, so ist auf Zuchthaus bis zu sieben Jahren zu erkennen.

Art. 270 Abtreibung durch einen Arzt usw., Abtreibung ohne Einwilligung

§ 1 Ein Arzt, Naturheilkundiger, Apotheker, Drogist oder eine Hebamme, die einer Schwangeren auf ihr Verlangen oder mit ihrer Einwilligung die Leibesfrucht abtreiben, werden mit Zuchthaus bis zu zwei Jahren bestraft.

§ 2 Wer einer Schwangeren ohne ihr Verlangen oder ihre Einwilligung die Leibesfrucht abtreibt, wird mit Zuchthaus bis zu drei Jahren bestraft.

§ 3 Ist durch Begehung eines der Delikte der vorangehenden zwei Absätze eine Körperverletzung der Schwangeren verursacht worden, so ist auf Zuchthaus bis zu fünf Jahren zu erkennen; ist der Tod verursacht worden, so ist auf Zuchthaus bis zu zehn Jahren zu erkennen.

§ 4 In den Fällen der vorangehenden drei Absätze kann zusätzlich auf Einstellung von Rechtsfähigkeiten bis zu sieben Jahren erkannt werden.

28. Aussetzungsdelikte

Art. 271 Aussetzung, Aussetzung von Aszendenten

§ 1 Wer eine wegen fortgeschrittenen oder jugendlichen Alters, wegen Krankheit oder anderer Umstände hilflose Person, die kraft Gesetzes oder Vertrages unter seiner Obhut steht, aussetzt, wird mit Zuchthaus bis zu drei Jahren bestraft.

§ 2 Wer das Delikt des vorangehenden Absatzes gegen seinen oder seines Ehegatten Verwandten in aufsteigender Linie begeht, wird mit Zuchthaus bis zu zehn Jahren bestraft.

§ 3 Ist durch Begehung des Deliktes des Absatzes 1 das Leben des anderen gefährdet worden, so wird auf Zuchthaus bis zu sieben Jahren erkannt.

§ 4 Ist durch Begehung des Deliktes des Absatzes 2 das Leben des anderen gefährdet worden, so wird auf Zuchthaus nicht unter zwei Jahren erkannt.

Art. 272 Kindesaussetzung

Ein Verwandter in aufsteigender Linie, der ein Kind aussetzt, um Schande zu vermeiden, oder der in Voraussicht des Unvermögens, das Kind aufzuziehen, oder aus einem anderen besonderen Beweggrund. der als Strafmilderungsgrund gilt, handelt, wird mit Zuchthaus bis zu zwei Jahren oder Geldstrafe bis zu fünfzehntausend Hwan bestraft.

Art. 273 Mißhandlung eines anderen, Mißhandlung eines Aszendenten

§ 1 Wer einen anderen, der seiner Obhut oder Aufsicht untersteht, mißhandelt, wird mit Zuchthaus bis zu zwei Jahren oder Geldstrafe bis zu fünfzehntausend Hwan bestraft.

§ 2 Wer das Delikt des vorangehenden Absatzes gegen seinen oder seines Ehegatten Verwandten in aufsteigender Linie begeht, wird mit Zuchthaus bis zu fünf Jahren bestraft.

Art. 274 Überanstrengung eines Kindes

Wer ein Kind unter sechzehn Jahren, das seiner Obhut oder Aufsicht untersteht, einem Unternehmer oder dessen Angestellten zur Verwendung bei einer Arbeit ausliefert, deren Härte lebens- oder gesundheitsgefährdend ist, wird mit Zuchthaus bis zu fünf Jahren bestraft.

Dieselbe Bestimmung ist auf denjenigen anzuwenden, der das Kind übernimmt.

Art. 275 Aussetzung mit Todes- oder Körperverletzungsfolge

Ist durch eines der in den Art. 271 bis 273 genannten Delikte der Tod oder eine Körperverletzung eines anderen verursacht worden, so wird auf diejenige Strafe erkannt, die von den oben genannten und den für Körperverletzung vorgeschriebenen Strafen die höhere ist.

29. Delikte gegen die persönliche Freiheit

Art. 276 Widerrechtliche Festnahme oder Gefangenhalten, widerrechtliche Festnahme oder Gefangenhalten eines Aszendenten

§ 1 Wer jemanden widerrechtlich festnimmt oder gefangenhält, wird mit Zuchthaus bis zu fünf Jahren bestraft.

§ 2 Wer das Delikt des vorangehenden Absatzes gegen seinen oder seines Ehegatten Verwandten in aufsteigender Linie begeht, wird mit zeitigem Zuchthaus bis zu zehn Jahren bestraft.

Art. 277 Schwere widerrechtliche Festnahme oder Gefangenhalten, schwere widerrechtliche Festnahme oder Gefangenhaltung eines Aszendenten

§ 1 Wer einen anderen widerrechtlich festnimmt oder gefangenhält und ihn dabei grausam behandelt, wird mit Zuchthaus bis zu sieben Jahren bestraft.

§ 2 Wer das Delikt des vorangehenden Absatzes gegen seinen oder seines Ehegatten Verwandten in aufsteigender Linie begeht, wird mit zeitigem Zuchthaus nicht unter zwei Jahren bestraft.

Art. 278 Qualifizierte widerrechtliche Festnahme oder Gefangenhaltung

Begeht der Täter eines der Delikte der vorangehenden zwei Artikel durch Drohung mit gemeinschaftlicher Gewalt oder während er gefährliche Waffen bei sich führt, so ist die für das betreffende Delikt vorgesehene Strafe um die Hälfte zu erhöhen.

Art. 279 Gewohnheitstäter

Wer die Delikte des Art. 276 oder 277 gewohnheitsmäßig begeht, wird nach der Bestimmung des vorangehenden Artikels bestraft.

Art. 280 Versuch

Der Versuch der Delikte der vorangehenden vier Artikel ist strafbar.

Art. 281 Widerrechtliche Festnahme oder Gefangenhalten mit Todes- oder Körperverletzungsfolge

Ist durch ein Delikt dieses Kapitels der Tod oder eine Körperverletzung eines anderen verursacht worden, so wird auf diejenige Strafe erkannt, die von den oben genannten und den für Körperverletzung vorgeschriebenen Strafen die höhere ist.

Art. 282 Einstellung von Rechtsfähigkeiten als Zusatzstrafe

In den Fällen der Delikte dieses Kapitels kann zusätzlich auf Einstellung von Rechtsfähigkeiten bis zu zehn Jahren erkannt werden.

30. Bedrohungsdelikte

Art. 283 Bedrohung, Bedrohung eines Aszendenten

§ 1 Wer einen anderen bedroht, wird mit Zuchthaus bis zu drei Jahren, Geldstrafe bis zu fünfzehntausend Hwan, Strafhaft oder minderer Geldstrafe bestraft.

§ 2 Wer das Delikt des vorangehenden Absatzes gegen seinen oder seines Ehegatten Verwandten in aufsteigender Linie begeht, wird mit Zuchthaus bis zu fünf Jahren oder Geldstrafe bis zu fünfundzwanzigtausend Hwan bestraft.

§ 3 Die Delikte der vorangehenden zwei Absätze sind nicht gegen den ausdrücklichen Willen des Verletzten verfolgbar.

Art. 284 Qualifizierte Bedrohung

Wer ein Delikt des Absatzes 1 oder 2 des vorangehenden Artikels durch Drohung mit gemeinschaftlicher Gewalt begeht oder während er eine gefährliche Waffe bei sich führt, wird mit Zuchthaus bis zu sieben Jahren oder Geldstrafe bis zu fünfzigtausend Hwan bestraft.

Art. 285 Gewohnheitstäter

Bei gewohnheitsmäßiger Begehung eines Deliktes des Absatzes 1 oder 2 des Art. 283 oder eines Deliktes des vorangehenden Artikels wird die Strafe um die Hälfte der für das entsprechende Delikt vorgeschriebenen Strafe erhöht.

Art. 286 Versuch

Der Versuch der Delikte der vorangehenden drei Artikel ist strafbar.

31. Delikte des Menschenraubes und der Entführung

Art. 287 Raub oder Entführung eines Minderjährigen

Wer sich eines Minderjährigen durch Gewalt, Drohung oder List bemächtigt, wird mit Zuchthaus bis zu zehn Jahren bestraft.

Art. 288 Menschenraub, Entführung, Menschenhandel aus Gewinnsucht usw.

§ 1 Wer sich einer anderen Person durch Gewalt, Drohung oder List zum Zwecke der Unzucht, des rechtswidrigen Geschlechtsverkehrs oder aus Gewinnsucht bemächtigt, wird mit zeitigem Zuchthaus nicht unter einem Jahr bestraft.

§ 2 Der vorangehende Absatz ist auf denjenigen anzuwenden, der eine Frau zum Zwecke gewerbsmäßiger Unzucht kauft oder verkauft.

§ 3 Wer eines der Delikte der vorangehenden zwei Absätze gewohnheitsmäßig begeht, wird mit zeitigem Zuchthaus nicht unter zwei Jahren bestraft.

Art. 289 Menschenraub, Entführung, Menschenhandel in der Absicht auf Verschleppung ins Ausland

§ 1 Wer sich eines anderen durch Gewalt, Drohung oder List bemächtigt oder einen anderen kauft oder verkauft, um ihn ins Ausland zu verschleppen, wird mit zeitigem Zuchthaus nicht unter drei Jahren bestraft.

§ 2 Der vorangehende Absatz ist auf denjenigen anzuwenden, der eine durch Gewalt, Drohung oder List entführte oder gekaufte Person ins Ausland verschleppt.

§ 3 Wer eines der Delikte der vorangehenden zwei Absätze gewohnheitsmäßig begeht, wird mit zeitigem Zuchthaus nicht unter fünf Jahren bestraft.

Art. 290 Vorbereitung, Verabredung

Wer in der Absicht, die Delikte des vorangehenden Artikels zu begehen, Vorbereitungen trifft oder sich verabredet, wird mit Zuchthaus bis zu drei Jahren bestraft.

Art. 291 Menschenraub, Entführung zum Zwecke der Eheschließung

Wer sich eines anderen mit Gewalt, Drohung oder List bemächtigt, um mit ihm die Ehe zu schließen, wird mit Zuchthaus bis zu fünf Jahren bestraft.

Art. 292 Entgegennehmen oder Verbergen einer geraubten, entführten oder verkauften Person

§ 1 Wer eine Person übernimmt oder verbirgt, die auf die in Art. 288 oder Art. 289 beschriebene Weise durch Gewalt, Drohung oder List entführt, verkauft oder verschleppt wurde, wird mit Zuchthaus bis zu sieben Jahren bestraft.

§ 2 Wer eine Person übernimmt oder verbirgt, die auf die in Art. 287 oder Art. 291 beschriebene Weise durch Gewalt, Drohung oder List entführt wurde, wird mit Zuchthaus bis zu fünf Jahren bestraft.

Art. 293 Gewohnheitstäter

§ 1 Wer eines der Delikte des vorangehenden Artikels gewohnheitsmäßig begeht, wird mit Zuchthaus von zwei Jahren bis zu zehn Jahren bestraft.

§ 2 Die im vorangehenden Absatz vorgeschriebene Strafe ist auf denjenigen anzuwenden, der die Delikte des vorangehenden Artikels aus Gewinnsucht oder in der Absicht begeht, die betreffende Person zur Unzucht oder zu rechtswidrigem Geschlechtsverkehr zu bringen.

Art. 294 Versuch

Der Versuch der Delikte der Art. 287 bis Art. 289 und der Art. 291 bis zum vorangehenden Artikel ist strafbar.

Art. 295 Einstellung von Rechtsfähigkeiten oder Geldstrafe als Zusatzstrafe

In den Fällen der Art. 288, 289, 292, 293 oder des Versuches, eines dieser Delikte zu begehen, kann zusätzlich auf Einstellung von Rechtsfähigkeiten bis zu zehn Jahren oder Geldstrafe bis zu fünfzigtausend Hwan erkannt werden.

Art. 296 Antrag

Die Delikte des Menschenraubes oder der Entführung, der Entgegennahme oder des Verbergens zum Zwecke der Unzucht oder des rechtswidrigen Geschlechtsverkehrs im Sinne der Bestimmungen des Absatzes 1 des Art. 288, des Absatzes 1 des Art. 292 oder des Absatzes 2 des Artikels 293, das Delikt des Art. 291 und der Versuch eines dieser Delikte werden nur auf Antrag verfolgt.

32. Delikte gegen die Keuschheit

Art. 297 Notzucht

Wer durch Gewalt oder durch Drohung eine Frau zum Beischlaf nötigt, wird mit Zuchthaus nicht unter drei Jahren bestraft.

Art. 298 Nötigung zur Unzucht

Wer durch Gewalt oder durch Drohung eine unzüchtige Handlung an einem anderen erzwingt, wird mit Zuchthaus bis zu zehn Jahren oder Geldstrafe bis zu fünfzigtausend Hwan bestraft.

Art. 299 Schändung

Wer mit einer bewußtlosen oder zum Widerstand unfähigen Frau unter Ausnützung ihres Zustandes den Beischlaf vollzieht oder unter den gleichen Umständen an einem anderen eine unzüchtige Handlung vornimmt, wird nach den Bestimmungen der vorangehenden zwei Artikel bestraft.

Art. 300 Versuch

Der Versuch der Delikte der vorangehenden drei Artikel ist strafbar.

Art. 301 Notzucht mit Todes- oder Körperverletzungsfolge

Ist durch eines der Delikte der Art. 297 bis zum vorangehenden Artikel der Tod oder eine Körperverletzung eines anderen verursacht worden, so wird der Täter mit lebenslangem Zuchthaus oder Zuchthaus nicht unter fünf Jahren bestraft.

Art. 302 Beischlaf mit einer Minderjährigen usw.

Wer durch List oder Drohung mit Gewalt mit einer minderjährigen oder geistesschwachen Person den Beischlaf vollzieht oder eine unzüchtige Handlung an ihr vornimmt, wird mit Zuchthaus bis zu fünf Jahren bestraft.

Art. 303 Beischlaf durch Mißbrauch einer Berufsstellung usw.

Wer durch List oder durch Drohung mit Gewalt den Beischlaf mit einer Frau vollzieht, die auf Grund von Beruf, Anstellung oder einer anderen Beziehung seiner Obhut oder Aufsicht untersteht, wird mit Zuchthaus bis zu fünf Jahren oder Geldstrafe bis zu fünfundzwanzigtausend Hwan bestraft.

§ 2 Wer mit einer Frau, die er auf Grund amtlich angeordneten Freiheitsentzuges zu beaufsichtigen hat, den Beischlaf vollzieht, wird mit Zuchthaus bis zu sieben Jahren bestraft.

Art. 304 Erschleichung des außerehelichen Beischlafs

Wer eine Frau, die nicht gewohnheitsmäßig Unzucht treibt, durch Vorspiegelung einer Trauung oder durch andere List zur Gestattung des Beischlafs verleitet, wird mit Zuchthaus bis zu zwei Jahren oder Geldstrafe bis zu fünfundzwanzigtausend Hwan bestraft.

Art. 305 Beischlaf oder Unzucht mit Kindern

Wer mit einer weiblichen Person unter dreizehn Jahren den Beischlaf vollzieht oder an ihr eine unzüchtige Handlung vornimmt, wird nach den Bestimmungen der Art. 297, 298 oder 301 bestraft.

Art. 306 Antrag

Die Delikte der Art. 297 bis 300 und der Art. 302 bis zum vorangehenden Artikel werden nur auf Antrag verfolgt.

33. Delikte gegen die Ehre

Art. 307 Üble Nachrede

§ 1 Wer durch öffentliche Behauptung einer Tatsache den Ruf eines anderen schädigt, wird mit Zuchthaus oder Einschließung bis zu zwei Jahren oder Geldstrafe bis zu fünfzehntausend Hwan bestraft.

§ 2 Wer durch öffentliche Behauptung einer unwahren Tatsache den Ruf eines anderen schädigt, wird mit Zuchthaus oder Einschließung bis zu fünf Jahren oder Einstellung von Rechtsfähigkeiten bis zu zehn Jahren bestraft.

Art. 308 Verunglimpfung eines Verstorbenen

Wer durch öffentliche Behauptung einer unwahren Tatsache den Ruf eines Verstorbenen schädigt, wird mit Zuchthaus oder Einschließung bis zu zwei Jahren oder Geldstrafe bis zu fünfundzwanzigtausend Hwan bestraft.

Art. 309 Üble Nachrede durch Veröffentlichungen

§ 1 Wer in der Absicht, den Ruf eines anderen zu schädigen, das Delikt des Absatzes 1 des Art. 307 durch eine Veröffentlichung in einer Zeitung, Zeitschrift, über den Rundfunk oder durch andere Publikationsmittel begeht, wird mit Zuchthaus oder Einschließung bis zu drei Jahren oder Geldstrafe bis zu fünfundzwanzigtausend Hwan bestraft.

§ 2 Wer das Delikt des Absatzes 2 des Art. 307 durch ein im vorangehenden Absatz genanntes Mittel begeht, wird mit Zuchthaus bis zu sieben Jahren oder Einstellung von Rechtsfähigkeiten bis zu zehn Jahren bestraft.

Art. 310 Rechtfertigung

Ist die in Absatz 1 des Art. 307 genannte Tatsachenbehauptung wahr und wurde sie ausschließlich zur Wahrnehmung öffentlicher Interessen gemacht, so ist sie straffrei.

Art. 311 Beleidigung

Wer öffentlich einen anderen beleidigt, wird mit Zuchthaus oder Einschließung bis zu einem Jahr oder Geldstrafe bis zu fünfzehntausend Hwan bestraft.

Art. 312 Antrag und Wille des Verletzten

§ 1 Die Delikte des Art. 308 und des vorangehenden Artikels werden nur auf Antrag verfolgt.

§ 2 Die Delikte der Art. 307 und 309 sind nicht gegen den ausdrücklichen Willen des Verletzten verfolgbar.

34. Delikte betreffend Kredit, Geschäft und Versteigerung

Art. 313 Kreditschädigung

Wer durch Verbreitung unwahrer Tatsachenbehauptungen oder durch andere betrügerische Handlungen den Kredit eines anderen schädigt, wird mit Zuchthaus bis zu fünf Jahren oder Geldstrafe bis zu fünfundzwanzigtausend Hwan bestraft.

Art. 314 Geschäftsschädigung

Wer durch die im vorangehenden Artikel bezeichneten Mittel oder durch Drohung mit Gewalt das Geschäft eines anderen schädigt, wird mit Zuchthaus bis zu fünf Jahren oder Geldstrafe bis zu fünfundzwanzigtausend Hwan bestraft.

Art. 315 Störung von Versteigerungen

Wer durch List, durch Drohung mit Gewalt oder durch andere Mittel die Unparteilichkeit einer Versteigerung oder eines Gebots stört, wird mit Zuchthaus bis zu zwei Jahren oder Geldstrafe bis zu fünfundzwanzigtausend Hwan bestraft.

35. Delikte der Geheimnisverletzung

Art. 316 Geheimnisverletzung

Wer einen Brief, eine Urkunde oder eine Zeichnung, die versiegelt oder auf andere Weise als geheim verschlossen sind, öffnet, wird mit Zuchthaus oder Einschließung bis zu drei Jahren oder Geldstrafe bis zu fünfzehntausend Hwan bestraft.

Art. 317 Bruch des Berufsgeheimnisses

§ 1 Personen, die ein fremdes Geheimnis offenbaren, das ihnen in Ausübung ihres Berufes als Arzt, Naturheilkundiger, Zahnarzt, Apotheker, Drogist, Hebamme, Rechtsanwalt, Patentanwalt, Buchprüfer, Notar, Schreiber oder als Gehilfe einer solchen Person oder in einer früheren Eigenschaft dieser Art bekannt geworden ist, werden mit Zuchthaus oder Einschließung bis zu drei Jahren oder Einstellung von Rechtsfähigkeiten bis zu zehn Jahren oder Geldstrafe bis zu fünfundzwanzigtausend Hwan bestraft.

§ 2 Der vorangehende Absatz ist auf einen Geistlichen oder früheren Geistlichen anzuwenden, der ein fremdes, ihm als Seelsorger bekannt gewordenes Geheimnis offenbart.

Art. 318 Antrag

Die Delikte dieses Kapitels werden auf Antrag verfolgt.

36. Delikte des Hausfriedensbruches

Art. 319 Hausfriedensbruch, Weigerung, sich zu entfernen

§ 1 Wer in eine Wohnung, ein bewachtes Wohnhaus, ein Gebäude, ein Schiff oder ein bewohntes Zimmer eines anderen eindringt, wird mit Zuchthaus bis zu drei Jahren oder Geldstrafe bis zu fünfzehntausend Hwan bestraft.

§ 2 Der vorangehende Absatz ist auf denjenigen anzuwenden, der sich trotz Aufforderung weigert, einen Ort der im vorangehenden Absatz beschriebenen Art zu verlassen.

Art. 320 Qualifizierter Hausfriedensbruch

Wer die Delikte des vorangehenden Artikels durch Drohung mit gemeinschaftlicher Gewalt oder mit gefährlichem Werkzeug begeht, wird mit Zuchthaus bis zu fünf Jahren bestraft.

Art. 321 Hausdurchsuchung

Wer eine andere Person, die Wohnung, das bewachte Wohnhaus, das Gebäude, das Schiff oder das bewohnte Zimmer eines anderen durchsucht, wird mit Zuchthaus bis zu drei Jahren bestraft.

Art. 322 Versuch

Der Versuch der in diesem Kapitel genannten Delikte ist strafbar.

37. Delikte gegen die Rechtsausübung anderer

Art. 323 Störung der Rechtsausübung

Wer seine eigene Sache, die im Besitze eines anderen ist oder an der einem anderen ein Recht zusteht, wegnimmt, verbirgt, zerstört oder beschädigt und dadurch dessen Rechtsausübung stört, wird mit Zuchthaus bis zu fünf Jahren oder Geldstrafe bis zu fünfzehntausend Hwan bestraft.

Art. 324 Gewaltsame Störung der Rechtsausübung anderer

Wer mit Gewalt oder durch Drohung die Rechtsausübung eines anderen stört, wird mit Zuchthaus bis zu fünf Jahren bestraft.

Art. 325 Räuberische Besitzwegnahme, räuberische Besitzsicherung

§ 1 Wer mit Gewalt oder durch Drohung seine eigene Sache, die im Besitz eines anderen ist, wegnimmt, wird mit Zuchthaus bis zu sieben Jahren oder Einstellung von Rechtsfähigkeiten bis zu zehn Jahren bestraft.

§ 2 Der vorangehende Absatz ist auf denjenigen anzuwenden, der, nachdem er seine eigene Sache aus dem Besitz eines anderen weggenommen hat, Gewalt oder Drohung anwendet, um sich im Besitz der Sache zu erhalten, um der Festnahme zu entgehen oder um die Spuren der Tat zu verwischen.

§ 3 Der Versuch der Delikte der vorangehenden zwei Absätze ist strafbar.

Art. 326 Schwere Störung der Rechtsausübung anderer

Ist durch Begehung eines der Delikte der vorangehenden zwei Artikel das Leben eines anderen gefährdet worden, so wird auf Zuchthaus bis zu zehn Jahren erkannt.

Art. 327 Vollstreckungsvereitelung

Wer in der Absicht, eine Zwangsvollstreckung zu umgehen, sein eigenes Vermögen verbirgt, zerstört, beschädigt, betrügerisch veräußert oder belastet und dadurch seinen Gläubiger schädigt, wird mit Zuchthaus bis zu drei Jahren oder Geldstrafe bis zu fünfzehntausend Hwan bestraft.

Art. 328 Delikte gegen Verwandte, Antrag

§ 1 Ist das Delikt des Artikels 323 gegen einen Blutsverwandten in direkter Linie des Täters, gegen seinen Ehegatten, gegen die im gemeinsamen Haushalt mit ihm lebenden Verwandten, gegen das Familienoberhaupt oder Familienmitglieder oder deren Ehegatten begangen worden, so wird die Strafe erlassen.

§ 2 Ist das Delikt des Artikels 323 gegen andere als die im vorangehenden Absatz genannten Verwandten begangen worden, so findet die Verfolgung nur auf Antrag statt.

§ 3 Die vorangehenden zwei Absätze sind auf Teilnehmer, die nicht Verwandte im Sinne der vorangehenden zwei Absätze sind, nicht anwendbar.

38. Diebstahls- und Raubdelikte

Art. 329 Diebstahl

Wer eine fremde Sache stiehlt, wird mit Zuchthaus bis zu sechs Jahren oder Geldstrafe bis zu fünfzigtausend Hwan bestraft.

Art. 330 Nächtlicher Einbruchsdiebstahl

Wer zur Nachtzeit eine fremde Sache durch Eindringen in eine Wohnung, ein bewachtes Wohnhaus, ein Gebäude, ein Schiff oder ein bewohntes Zimmer stiehlt, wird mit Zuchthaus bis zu zehn Jahren bestraft.

Art. 331 Qualifizierter Diebstahl

§ 1 Wer zur Nachtzeit eine fremde Sache stiehlt, nachdem er ein Tor, eine Mauer oder einen Gebäudeteil beschädigt hat und in einen im vorangehenden Artikel bezeichneten Ort eingedrungen ist, wird mit Zuchthaus von einem Jahr bis zu zehn Jahren bestraft.

Der vorangehende Absatz ist anzuwenden, wenn der Täter beim Diebstahl einer fremden Sache eine tödliche Waffe bei sich führt oder wenn bei dem Diebstahl mehrere mitwirken.

Art. 332 Gewohnheitstäter

Wird eines der Delikte der drei vorangehenden Artikel gewohnheitsmäßig begangen, so wird die Strafe um die Hälfte der für das entsprechende Delikt vorgeschriebenen Strafe erhöht.

Art. 333 Raub

Wer mit Gewalt oder durch Drohung eine fremde Sache wegnimmt oder sich von einem anderen einen Vermögensvorteil verschafft oder einen Dritten zur Erlangung eines solchen Vorteils veranlaßt, wird mit zeitigem Zuchthaus nicht unter drei Jahren bestraft.

Art. 334 Qualifizierter Raub

§ 1 Wer das Delikt des vorangehenden Artikels zur Nachtzeit durch Eindringen in eine Wohnung, ein bewachtes Wohnhaus, ein Gebäude, ein Schiff oder ein bewohntes Zimmer begeht, wird mit lebenslangem Zuchthaus oder Zuchthaus nicht unter fünf Jahren bestraft.

Der vorangehende Absatz ist anzuwenden, wenn der Täter bei Begehung der im vorangehenden Artikel umschriebenen Straftat eine tödliche Waffe bei sich führt oder wenn bei einer solchen Straftat mehrere mitwirken.

Art. 335 Räuberischer Diebstahl

Ein Dieb, der Gewalt oder Drohung anwendet, um sich im Besitz der gestohlenen Sache zu erhalten, um der Festnahme zu entgehen oder um die Spuren der Tat zu verwischen, wird nach den Bestimmungen der vorangehenden zwei Artikel bestraft.

Art. 336 Raub durch Menschenraub

Wer durch Menschenraub sich eine Sache als Lösegeld verschafft, wird nach den Bestimmungen des Artikels 333 bestraft.

Art. 337 Raub mit Körperverletzung

Ein Räuber, der einen anderen verwundet oder die Körperverletzung eines anderen verursacht, wird mit lebenslangem Zuchthaus oder Zuchthaus nicht unter sieben Jahren bestraft.

Art. 338 Raubmord, Raub mit Todesfolge

Ein Räuber, der einen anderen tötet oder den Tod eines anderen verursacht, wird mit dem Tode oder lebenslangem Zuchthaus bestraft.

Art. 339 Raub mit Notzucht

Ein Räuber, der Notzucht begeht, wird mit lebenslangem Zuchthaus oder Zuchthaus nicht unter zehn Jahren bestraft.

Art. 340 Seeräuberei

§ 1 Wer auf hoher See durch Drohung mit gemeinschaftlicher Gewalt gewaltsam ein Schiff in Besitz nimmt oder, nachdem er in ein Schiff eingedrungen ist, gewaltsam eine fremde Sache wegnimmt, wird mit lebenslangem Zuchthaus oder Zuchthaus nicht unter sieben Jahren bestraft.

§ 2 Hat jemand bei Begehung der im vorangehenden Artikel umschriebenen Straftat einen anderen körperlich verletzt, so wird auf lebenslanges Zuchthaus oder Zuchthaus nicht unter zehn Jahren erkannt.

§ 3 Hat derjenige, der das Delikt des Absatzes 1 begangen hat, einen anderen getötet oder den Tod eines anderen verursacht oder Notzucht begangen, so wird auf Tod oder lebenslanges Zuchthaus erkannt.

Art. 341 Gewohnheitstäter

Wer eines der in den Artikeln 333, 334, 336 oder in Absatz 1 des vorangehenden Artikels genannten Delikte gewohnheitsmäßig begeht, wird mit lebenslangem Zuchthaus oder Zuchthaus nicht unter zehn Jahren bestraft.

Art. 342 Versuch

Der Versuch der in den Artikeln 329 bis 334, in Artikel 336, im ersten Teil des Artikels 337 und des Artikels 338, in den Artikeln 339, 340 und in dem vorangehenden Artikel genannten Delikte ist strafbar. Ausgenommen sind die den Tod oder eine Körperverletzung verursachenden, im Artikel 340 genannten Delikte.

Art. 343 Vorbereitung, Verabredung

Wer in der Absicht, einen Raub zu begehen, Vorbereitungen trifft oder sich verabredet, wird mit Zuchthaus bis zu sieben Jahren bestraft.

Art. 344 Delikte gegen Verwandte

Die Bestimmungen des Artikels 328 sind auf die Delikte der Artikel 329 bis 332 und den Versuch dieser Delikte entsprechend anzuwenden.

Art. 345 Einstellung von Rechtsfähigkeiten als Zusatzstrafe

Wird der Täter, der die Delikte dieses Kapitels begangen hat, mit zeitigem Zuchthaus bestraft, so kann zusätzlich auf Einstellung von Rechtsfähigkeiten erkannt werden.

Art. 346 Energie

Im Sinne dieses Kapitels gilt menschlicher Kontrolle unterstehende Energie als Sache.

39. Betrugs- und Erpressungsdelikte

Art. 347 Betrug

§ 1 Wer einen anderen täuscht und sich dadurch eine Sache oder einen Vermögensvorteil von ihm verschafft, wird mit Zuchthaus bis zu zehn Jahren oder Geldstrafe bis zu fünfzigtausend Hwan bestraft.

§ 2 Der vorangehende Absatz ist auf denjenigen anzuwenden, der einen Dritten veranlaßt, sich auf die dort genannte Weise vom Verletzten eine Sache oder einen Vermögensvorteil zu verschaffen.

Art. 348 Betrügerische Ausnutzung

§ 1 Wer unter Ausnutzung der Unerfahrenheit eines Minderjährigen oder der Geistesstörung einer Person sich von diesen eine Sache oder einen Vermögensvorteil verschafft, wird mit Zuchthaus bis zu zehn Jahren oder Geldstrafe bis zu fünfzigtausend Hwan bestraft.

§ 2 Der vorangehende Absatz ist auf denjenigen anzuwenden, der einen Dritten veranlaßt, sich auf die dort genannte Weise vom Verletzten eine Sache oder einen Vermögensanteil zu verschaffen.

Art. 349 Ungerechtfertigte Bereicherung

Wer unter Ausnutzung der Notlage eines anderen sich einen übermäßigen Gewinn verschafft, wird mit Zuchthaus bis zu drei Jahren oder Geldstrafe bis zu fünfundzwanzigtausend Hwan bestraft.

§ 2 Der vorangehende Absatz ist auf denjenigen anzuwenden, der einen Dritten veranlaßt, sich auf die dort genannte Weise eine ungerechtfertigte Bereicherung zu verschaffen.

Art. 350 Erpressung

§ 1 Wer einen anderen erpreßt, so daß dieser ihm eine Sache übergibt oder einen Vermögensvorteil überläßt, wird mit Zuchthaus bis zu zehn Jahren oder Geldstrafe bis zu fünfzigtausend Hwan bestraft.

§ 2 Der vorangehende Absatz ist auf denjenigen anzuwenden, der einen Dritten veranlaßt, sich auf die dort genannte Weise vom Verletzten eine Sache oder einen Vermögensvorteil zu verschaffen.

Art. 351 Gewohnheitstäter

Wird eines der Delikte der Artikel 347 bis zum vorangehenden Artikel gewohnheitsmäßig begangen, so wird die Strafe um die Hälfte der für das entsprechende Delikt vorgeschriebenen Strafe erhöht.

Art. 352 Versuch

Der Versuch der in den Artikeln 347, 348, 350 und im vorangehenden Artikel genannten Delikte ist strafbar.

Art. 353 Einstellung von Rechtsfähigkeiten als Zusatzstrafe

In den Fällen der Delikte dieses Kapitels kann zusätzlich auf Einstellung von Rechtsfähigkeiten bis zu zehn Jahren erkannt werden.

Art. 354 Delikte gegen Verwandte; Energie

Die Bestimmungen der Artikel 328 und 346 sind auf die Delikte dieses Kapitels entsprechend anzuwenden.

40. Delikte der Unterschlagung und der Untreue

Art. 355 Unterschlagung, Untreue

§ 1 Wer eine ihm anvertraute fremde Sache sich rechtswidrig aneignet oder zurückzugeben sich weigert, wird mit Zuchthaus bis zu fünf Jahren oder Geldstrafe bis zu fünfzigtausend Hwan bestraft.

§ 2 Der vorangehende Absatz ist auf denjenigen anzuwenden, der sich bei der Geschäftsführung für einen anderen vom Verletzten pflichtwidrig einen Vermögensvorteil verschafft oder einen Dritten veranlaßt, sich ihn zu verschaffen, und dadurch das Vermögen des Verletzten schädigt.

Art. 356 Unterschlagung, Untreue im Beruf

Wer ein Delikt des vorangehenden Artikels unter Verletzung einer Berufspflicht begeht, wird mit Zuchthaus bis zu zehn Jahren oder Geldstrafe bis zu fünfzigtausend Hwan bestraft.

Art. 357 Bestechung unter Verletzung einer Treuepflicht

§ 1 Wer ein Geschäft für einen anderen führt und auf eine seine Pflicht betreffende, rechtswidrige Anstiftung hin eine Sache oder einen Vermögensvorteil von einem Dritten annimmt, wird mit Zuchthaus bis zu fünf Jahren oder Geldstrafe bis zu fünfzigtausend Hwan bestraft.

§ 2 Wer die Sache oder den Vermögensvorteil auf die im vorangehenden Absatz beschriebene Weise gewährt, wird mit Zuchthaus bis zu zwei Jahren oder Geldstrafe bis zu fünfundzwanzigtausend Hwan bestraft.

§ 3 Die im Absatz 1 genannte Sache, die der Täter empfangen hat, wird für verfallen erklärt. Ist die Verfallerklärung unmöglich oder wurde der Vermögensvorteil bereits erlangt, so wird der entsprechende Wert eingezogen.

Art. 358 Einstellung von Rechtsfähigkeiten als Zusatzstrafe

In den Fällen der Delikte der vorangehenden drei Artikel kann zusätzlich auf Einstellung von Rechtsfähigkeiten erkannt werden.

Art. 359 Versuch

Der Versuch der in den Artikeln 355 bis 357 genannten Delikte ist strafbar.

Art. 360 Fundunterschlagung

§ 1 Wer verlorengegangene Sachen, Strandgut oder andere Sachen, die ein anderer aus seinem Gewahrsam verloren hat, sich rechtswidrig aneignet, wird mit Zuchthaus bis zu einem Jahr oder Geldstrafe bis zu zehntausend Hwan oder minderer Geldstrafe bestraft.

§ 2 Der vorangehende Absatz ist auf denjenigen anzuwenden, der sich vergrabene Sachen rechtswidrig aneignet.

Art. 361 Delikte gegen Verwandte; Energie

Die Bestimmungen der Artikel 328 und 346 sind auf die Delikte dieses Kapitels entsprechend anzuwenden.

41. Hehlereidelikte

Art. 362 Erwerb, Vermittlung von Diebesgut

§ 1 Wer Diebesgut erwirbt, veräußert, befördert oder in Verwahrung nimmt, wird mit Zuchthaus bis zu sieben Jahren oder Geldstrafe bis zu fünfzigtausend Hwan bestraft.

§ 2 Der vorangehende Absatz ist auf denjenigen anzuwenden, der bei Begehung des Deliktes des vorangehenden Absatzes als Vermittler tätig ist.

Art. 363 Gewohnheitstäter

§ 1 Wer die im vorangehenden Artikel genannten Delikte gewohnheitsmäßig begeht, wird mit Zuchthaus von einem Jahr bis zu zehn Jahren bestraft.

§ 2 In den Fällen der Delikte des vorangehenden Absatzes kann zusätzlich auf Einstellung von Rechtsfähigkeiten bis zu zehn Jahren oder Geldstrafe bis zu fünfzigtausend Hwan erkannt werden.

Art. 364 Fahrlässigkeit im Beruf, grobe Fahrlässigkeit

Wer ein Delikt des Artikels 362 durch fahrlässige Nichterfüllung einer Berufspflicht oder durch grobe Fahrlässigkeit begeht, wird mit Einschließung bis zu einem Jahr oder Geldstrafe bis zu fünfzehntausend Hwan bestraft.

Art. 365 Delikte gegen Verwandte

§ 1 Die Bestimmungen des Artikels 328 sind entsprechend auf die Fälle anzuwenden, in denen zwischen dem Täter eines der Delikte der vorangehenden drei Artikel und dem Verletzten ein Verwandschaftsverhältnis der in den Absätzen 1 und 2 des Artikels 328 beschriebenen Art besteht.

§ 2 Besteht zwischen demjenigen, der eines der Delikte der vorangehenden drei Artikel begeht, und dem Täter der Vortat ein Verwandschaftsverhältnis der im Absatz 1 des Artikels 328 beschriebenen Art, so kann die Strafe gemildert oder erlassen werden.

42. Sachbeschädigungsdelikte

Art. 366 Sach- oder Urkundenbeschädigung

Wer Sachen oder Urkunden eines anderen zerstört, beschädigt oder verbirgt oder auf andere Weise deren Brauchbarkeit beeinträchtigt, wird mit Zuchthaus bis zu drei Jahren oder Geldstrafe bis zu fünfzehntausend Hwan bestraft.

Art. 367 Zerstörung öffentlicher Bauwerke

Wer ein Gebäude zerstört, das dem öffentlichen Nutzen dient, wird mit Zuchthaus bis zu zehn Jahren oder Geldstrafe bis zu hunderttausend Hwan bestraft.

Art. 368 Schwere Sachbeschädigung

§ 1 Ist durch Begehung eines Deliktes der vorangehenden zwei Artikel Leib oder Leben eines anderen gefährdet worden, so wird auf Zuchthaus von einem Jahr bis zu zehn Jahren erkannt.

§ 2 Ist durch Begehung eines der in den vorangehenden zwei Artikeln genannten Delikte der Tod oder eine Körperverletzung eines anderen verursacht worden, so wird auf diejenige Strafe erkannt, die von den oben genannten und den für Körperverletzung vorgeschriebenen Strafen die höhere ist.

Art. 369 Qualifizierte Sachbeschädigung

§ 1 Wer das Delikt des Artikels 366 durch Drohung mit gemeinschaftlicher Gewalt oder mit gefährlichem Werkzeug begeht, wird mit Zuchthaus bis zu fünf Jahren oder Geldstrafe bis zu fünfundzwanzigtausend Hwan bestraft.

§ 2 Wer das Delikt des Artikels 367 auf die im vorangehenden Absatz genannte Weise begeht, wird mit zeitigem Zuchthaus nicht unter einem Jahr oder Geldstrafe bis zu einhundertfünfzigtausend Hwan bestraft.

Art. 370 Grenzverrückung

Wer eine Grenze durch Beschädigung, Verrückung oder Beseitigung eines zur Grenzbezeichnung bestimmten Merkmales oder auf andere Weise unkenntlich macht, wird mit Zuchthaus bis zu drei Jahren oder Geldstrafe bis zu fünfzehntausend Hwan bestraft.

Art. 371 Versuch

Der Versuch der Delikte der Artikel 366, 367 und 369 ist strafbar.

Art. 372 Energie

Artikel 346 ist auf die Delikte dieses Kapitels entsprechend anzuwenden.

FSC
www.fsc.org
MIX
Papier | Fördert gute Waldnutzung
FSC® C083411

Kolibri 360 GmbH
Ferdinand-Jühlke-Straße 7
99095 Erfurt, Deutschland
produktsicherheit@kolibri360.de